浙江省社科联社科普及课题（23KPD04YB）

悦读丛书

研 学 地 "图"

浙里阅读之旅

冯亚惠 杨 萱 编著

浙江工商大学出版社 | 杭州
ZHEJIANG GONGSHANG UNIVERSITY PRESS

图书在版编目（CIP）数据

研学地"图"：浙里阅读之旅 / 冯亚惠，杨萱编著
. — 杭州：浙江工商大学出版社，2023.9
ISBN 978-7-5178-5533-0

Ⅰ . ①研… Ⅱ . ①冯… ②杨… Ⅲ . ①公共图书馆－
读书活动－研究－浙江 Ⅳ . ① G252.17

中国国家版本馆 CIP 数据核字（2023）第 116980 号

研学地"图"：浙里阅读之旅
YANXUE DI "TU"：ZHELI YUEDU ZHILV
冯亚惠　杨萱 编著

责任编辑	王黎明
责任校对	李远东
封面设计	陈　鑫
责任印制	包建辉
出版发行	浙江工商大学出版社
	（杭州市教工路 198 号　邮政编码 310012）
	（E-mail：zjgsupress@163.com）
	（网址：http://www.zjgsupress.com）
	电话：0571-88904980，88831806（传真）
排　　版	杭州玄鸟文化传媒有限公司
印　　刷	三河弘翰印务有限公司
开　　本	710mm×1000mm　1/16
印　　张	19.5
字　　数	220 千
版 印 次	2023 年 9 月第 1 版　2023 年 9 月第 1 次印刷
书　　号	ISBN 978-7-5178-5533-0
定　　价	88.00 元

前 言

在文旅融合发展的时代背景下，浙江省各级公共图书馆为不断满足各个年龄段的市民阅读需求，不断创新公共文化服务内容和形式，探索文旅融合新路径、新方法，推动公共图书馆总、分馆体系及主题图书馆建设，同时将主题图书馆纳入公共图书馆服务网络。全省各地区公共图书馆结合本地的地域文化、城市布局、市民阅读习惯等因地制宜地建设主题图书馆，打造本土特色文化品牌，以适应现代社会市民的个性化阅读需求。主题图书馆以其主题化、个性化、体验化、品质化的特色，在提升公共文化服务水平、促进文旅融合、创新研学旅行服务等方面有得天独厚的场馆、文献和服务资源的优势。利用主题图书馆的资源优势，与地域特色资源、旅游资源相结合，可以把公共图书馆研学课程打造成有特色、有内涵、有温度的文旅体验。

公共图书馆作为公共文化服务的重要公益机构，承担着社会教育和阅读推广的职能，其开展的研学旅行服务具有公益性特征，契合国家相关政策及研学特性。教育部等11个部门印发的《关于推进中小学生研学旅行的意见》（下文简称《意见》）明确规定，开展中小学生研学旅行的基本原则之一即公益性原则，《意见》指出研学旅行不得开展以营利为目的的经营性创收。公共图书馆不仅具备丰富的文献信息资源，而且拥有开展讲座、培训、阅读推广等多种活动的内容和专家资源，在文献信息资源、专家库资源、合作体系资源、阅读推广空间等方面具备适宜开展研学服务的有利条件。

　　本书以浙江省各级公共图书馆设立的主题图书馆为研学出发点，结合该主题图书馆区域范围内适宜中小学生研学的历史文化遗存、科普场所、红色遗存、博物馆、纪念馆等各类补充中小学生课堂知识的研学场馆信息，实现区域研学资源联动，构建"特色＋阅读＋体验"的主题图书馆未成年人研学新模式，助力中小学研学教育活动的创新服务开展路径。收录的主题图书馆以公共图书馆设立的为主，同时也收录了一小部分民间公益图书馆、乡村图书馆及特色阅读书房。书中部分照片由县市公共图书馆及亲朋好友友情提供，另有部分照片取自网络登载，因时间有限，未能与照片的拍摄者一一取得联系。如若看到，可联系本书作者，作者将按照国家版权规定，支付相应费用，在此一并表示感谢。全书图文并茂，希望每一位读者在轻松的阅读中，了解到浙江悠久的历史和灿烂的文化。

目　录

浙东区域（宁波、舟山）研学阅读之旅　125

浙中区域（绍兴、金华）研学阅读之旅　143

杭州地区

研学阅读之旅

杭州图书馆钢琴分馆

杭州图书馆钢琴分馆

在杭州市拱墅区大兜路上，有一家杭州图书馆钢琴分馆，它建于2019年中国大运河国际钢琴艺术节暨郎朗杯钢琴大赛开幕之际，是杭州图书馆与郎朗杭州艺术世界交流中心合作建立的。钢琴分馆建筑面积750余平方米，馆藏有钢琴曲谱、中外音乐家传记等外文原版图书，总藏量近4000册，馆内图书只阅不借，开放时间为每周三至周五12：00—20：30，周六至周日09：00—21：00，周一、周二闭馆。分馆内设有阅览座席30席，2间独立的活动教室，5台全触摸CD试听设备和Cave影视空间，1间可容纳60余人的小型音乐厅，等等。

杭州图书馆钢琴分馆一角

　　除了提供室内阅览服务、举办读书分享会，钢琴分馆更注重发展听音乐、看视频等形式的阅读延伸项目。在专辑 CD 试听区，戴上 JBL 专业耳机，可以自助选择喜欢的音乐收听；在沉浸式环幕小剧场，播放音乐名家的纪录片和音乐会现场录像；在专业小型音乐厅内，可参与音乐赏析课、国际音乐大师课、音乐会等。钢琴分馆音乐厅内定期举办周末音乐会，免费向市民开放，普及公共音乐教育，让市民有一个近距离欣赏古典音乐的机会。

　　地址：杭州市拱墅区大兜路 206 号。

周边研学点：大兜路历史文化街区

　　杭州大兜路历史文化街区，位于大运河畔，是杭州老城历史风貌的代表街区之一，至今保留着香积寺、国家厂丝储备仓库、清末民初民居建筑等历史建筑。历史上，这里曾是杭州城北重要的集市、贸易、仓储中心，运河沿岸都是水陆码头，商铺林立，街市繁华。2010年街区经整改提升后，保留了大兜路历史文化街区的历史感，集合了特色餐饮区、古文化体验区、运河观景台、广场、香积寺、富义仓遗址等，是感受杭州运河文化的一个独特去处。

　　素有漕运文化的发祥地和"天下粮仓"美称的富义仓遗址，位于这片街区中的霞湾巷8号，始建于清光绪六年（1880），是清代国家战略粮食储备仓库，为杭州现存唯一的一个古粮仓。富义仓，取"以仁致富、和则

大兜路历史文化街区北侧入口

富义仓内景

义达"之意,是运河文化、漕运文化、仓储文化的实物见证。当年杭州所用的米粮从运河漕运而来,储于富义仓,富义仓与北京的南新仓并称为"天下粮仓",有"北有南新仓,南有富义仓"之说。富义仓遗址公园现存13幢建筑,景区免费对外开放,围绕遗址保护、展示和利用,以渔家台、洗帚弄、章庵弄等历史环境烘托富义仓,再现富义仓的历史风貌。

研学拓展知识

中国大运河

　　中国大运河的开凿始于公元前486年，包括隋唐大运河、京杭大运河和浙东大运河3部分，全长2700公里，纵贯我国中东部地区，地跨北京、天津、河北、山东、河南、安徽、江苏、浙江8个省、直辖市，沟通了海河、黄河、淮河、长江、钱塘江五大水系。大运河历经隋、唐、宋、元、明、清2000余年的持续发展与演变，直到今天仍发挥着重要的交通与水利功能。2014年6月22日，中国大运河项目成功入选世界遗产名录，成为中国第46个世界遗产项目。万里长城象征着中华民族的脊梁，大运河则象征着中华民族的脉络。

　　其中，京杭大运河始建于元朝至元十八年（1281），南起余杭（今杭州），北到涿郡（今北京），途经浙江、江苏、山东、河北及天津、北京6省市，全长约1794公里，是元、明、清三个王朝、600年左右的漕运要道。据资料统计，尤其是明朝及清朝中前期，京杭大运河货运量约占全国的3/4，是名副其实的交通大动脉中的黄金要道。百年古桥拱宸桥是京杭大运河最南端的标志，也是杭州的文化地标之一。京杭大运河（杭州段）两岸已形成了一条以自然生态景观为核心主轴，以历史街区、文化园区、博物馆群、寺庙庵堂、遗产遗迹为重要节点的文化休闲体验长廊。

浙江省非物质文化遗产文献馆

非遗阅览区

　　浙江省非物质文化遗产文献馆（简称非遗文献馆）位于杭州古桥拱宸桥东侧运河广场上的中国京杭大运河博物馆2楼，2017年揭牌，是全国首家非遗主题文献馆。非遗文献馆服务面积约2000平方米，馆内阅览座位200余个，设有总服务大厅、非遗展示序厅、非遗阅览区、非遗沙龙区、非遗书吧、非遗活态展示区、多功能报告厅和运河文献典藏室等多个服务区域。非遗文献资料室设有世界非遗、中国非遗、地区非遗三大图书区块，按照非遗十大门类展示和陈列图书文献，收藏着浙江省目前已经成功申报的非遗项目的所有申报材料，包括各种手写的文稿、记录、曲谱、图谱等珍贵文献。

非遗文献馆是运河沿岸非遗文化典籍收藏和保存的文库，也是对非遗项目进行学习、交流、研讨、宣传的服务场所，传承非遗文化、普及非遗知识、传递非遗信息、共享文化资源、保护和整理非遗代表性项目是该主题图书馆的服务宗旨。

地址：杭州市拱墅区金华路运河广场 1 号，运河广场西侧。

休闲阅览区

周边研学点：中国京杭大运河博物馆、拱宸桥、桥西历史文化街区

　　中国京杭大运河博物馆： 国内第一座以运河文化为主题的大型专题博物馆，坐落于杭州市城北运河文化广场，毗邻大运河南端终点标志——拱宸桥。博物馆于 2006 年 10 月 1 日建成并免费开放，由全国人大常委会原委员长乔石同志题写馆名。博物馆建筑面积 10700 平方米，展览面积 5000 余平方米。博物馆以"运河推动历史，运河改变生活"为陈列主题，分序厅、大运河的开凿与变迁、大运河的利用、沿运河城市和运河文化 4 个展

中国京杭大运河博物馆

厅，其间穿插漕运故事半景厅、运河模拟游舱两个多媒体展厅，将文物史料与高科技巧妙结合，生动再现古运河曾经的繁荣景象，使观众能身临其境地体验大运河悠久深厚的文化内涵。中国京杭大运河博物馆既是一个运河文化的展示窗口，同时也是运河文化与运河史料的收藏中心与研究中心，国家文物局认为它的建成填补了国内博物馆界的一大空白。

地址：杭州市拱墅区金华路运河广场 1 号，运河广场西侧。

桥西历史文化街区：因位于拱宸桥西而得名，街区北至杭州第一棉纺织厂保留仓库，南至登云路，西至小河路，东至京杭运河，至今仍保存着较多的清末民初沿河民居建筑以及大量近现代工业遗存。拱宸桥所在区域

街区的方回春堂

作为杭州水运的北大门，曾是漕运往来的交通要道和繁华商埠。这个街区是最能够完美再现京杭大运河杭州段昔日繁华的一个街区，尤其是明清时期，这一带被称为钱塘八景之一的"北关夜市"，六行（米行、鱼行、纸行、酒行、柴行、洋行），六馆（烟馆、茶馆、戏馆、菜馆、赌馆、妓馆）都沿河筑店。如今，昔日的繁华盛景早已褪去，改造后的桥西历史文化街区，融入悠久的运河文化和宋韵文化，传统与现代、传承与创新在这里相互交融，交相辉映。

拱宸桥：一座拱宸桥，半部杭州史。拱宸桥是杭城古桥中最高最长的石拱桥，这座屹立于运河之上的古桥，见证了杭州水运历史的繁荣，承载

古老的拱宸桥

着约 400 年来杭州及杭州人的历史、文化和记忆。2013 年拱宸桥被确定为全国重点文物保护单位。次年，大运河入选世界遗产名录，拱宸桥作为运河水利工程遗存入选世界文化遗产点。

拱宸桥石桥始建于明崇祯四年（1631），由民间人士倡导并集资修建而成。据清光绪《杭州府志》（重修本）卷七记载，初为木桩基础的三孔薄墩联拱驼峰桥，取名"拱宸桥"。"拱宸"二字中，"拱"是两手相合拱手之意，"宸"是指帝王宫殿。高大的拱宸桥，象征古时对帝王的欢迎和敬意。清康熙、乾隆皇帝多次南巡杭州，都是沿着大运河，经塘栖至拱宸桥的。现在的拱宸桥东、西两侧，聚集着中国扇博物馆、中国伞博物馆、中国刀剪剑博物馆、中国京杭大运河博物馆、浙江省非物质文化遗产文献馆等，为全国密度最高的博物馆区，是博物馆控打卡之地。

杭州近代工业

　　桥西历史文化街区，一个见证杭州近代百年民族工业兴衰的街区，也是浙江近代民族工业的重要起源地。其中的纺织行业是当时浙江省重点发展的产业之一，从清末到民国时期，先后有数十家纺织厂在这里建立起来，形成了一个较为完整的产业链。浙江最早的民族工业企业——通益公纱厂，就诞生于此。办厂需要用电，于是拱宸桥片区也成了浙江最早应用电力的场所。1896年，世经缫丝厂引进了当时最先进的直流发电设备，是浙江省最早应用电力的场所，也是浙江省亮起第一盏电灯的地方。此外，杭州第一家戏院、第一家电影院、第一张报纸，皆与桥西历史文化街区有关。现在，昔日的工业厂房经提升改造，变身为博物馆群，这些承载城市记忆的工业遗存焕发出新活力。

杭州书房·运河主题图书馆

大烟囱下的图书馆

在杭州城北莫干山路上，醒目地矗立着一个大烟囱，大烟囱周围高楼林立，但依然藏不住历史的沉淀感。这里曾是老底子的杭州热电厂，厂区内 150 米高的大烟囱建成于 1983 年，是当时杭州的最高建筑，其高度是六和塔的 2.5 倍。随着城区改造转型，2009 年热电厂搬迁，大烟囱不再冒烟。根据市政规划，大烟囱作为杭州工业遗存保留下来，并进行主题亮化改造，大烟囱脚下变身为运河艺术文化广场[1]。

---

[1] 印师源、胡金辉、潘婷婷：《祥符区块迎蜕变 热电厂大烟囱变身文化展示中心》，《每日商报》，2017-11-09。

运河主题图书馆内景

　　运河主题图书馆就"藏"于大烟囱内,是拱墅区图书馆在此开设的一家别具特色的书房。书房内无线网络全覆盖,两层均设有自助借还机,使用市民卡或身份证即可借阅图书,全市通借通还。近300平方米的展陈空间内藏有20000余册图书,馆内设有运河文献专题书架。这是一个传承城市记忆,收集展陈运河主题文献,集借、阅、藏于一体的图书馆。市民在此既可免费借还图书、阅读、自习,还可以参加图书馆不定期举办的运河讲堂、共读会、书画艺术展等各类主题展览和文化沙龙活动。这里是市民游客休闲打卡、参加活动、了解运河历史的一处文化空间。

　　地址:杭州市拱墅区隐秀路和郡庭路交叉口的大烟囱脚下。

周边研学点：小河直街

　　沿湖墅北路往北走，过了大关桥，看到一排排白墙黑瓦、木门木窗的两层小楼，小河直街就到了。街道不长，约1公里，但市井味十足，这正是小河直街的韵味所在。小河直街居民，其祖辈大都从事与运河航运相关的搬运、造船等行业。沿街房屋、店面，也多服务于当时航运业工人生活需求，如酱菜坊、理发店、杂货铺等。古色古香的沿河小街，保留完好的建筑，巷陌河埠，酱园米行，茶楼酒肆，具有典型江南水乡的特色，古朴安静，又带着浓浓的历史文化气息，有着旧杭州的影子。

小河直街

小河主题公园内景

街区附近的小河主题公园，前身是始建于1951年的中石化小河油库，这是中华人民共和国成立后浙江修建的首座油库。如果你是第一次来这里，相信会被它纵横交错的工业设计感所吸引。如今蝶变的小河油库，不仅将老机器、码头、仓库红砖等老工业元素保留下来融入公园景观，园区中的3个老油罐更是在世界建筑设计大师团队手中华丽变身为"大灯笼"，在营造时尚艺术效果的同时，留下了城市记忆。

地址：杭州市拱墅区小河路与桥弄街交会处。

研 学 拓 展 知 识

拱宸桥畔的油库

1895 年 4 月，中日甲午战争后，清政府被迫签订了丧权辱国的《马关条约》。条约规定，中国面向日本增辟苏州府、杭州府、重庆府、荆州府沙市 4 地为对外通商口岸。杭州被确定为通商口岸之后不久，时任清政府总税务司赫德（英国人），派税务司李士理（英国人）前往拱宸桥畔择地建造海关大楼。今日杭州市温州路 126 号杭州市第二人民医院内的 3 幢两层砖木结构的红楼，即是当时的"洋关"旧址。

杭州开埠之后，美、英、法等国借机提出要在拱宸桥东设立商埠。1906 年，英国驻杭领事提出在拱宸桥附近择地建油库，清政府被迫同意设立。1907 年，拱宸桥北英商亚细亚火油池建成后，煤油被从上海经运河航线运到杭州。亚细亚火油公司，为英荷壳牌石油公司的子公司，曾垄断 19 世纪上半叶亚洲特别是中国的销售市场。外国商人在拱宸桥周边的油栈和油行现早已荡然无存，只有一个后来得到改造，成为小河油库。[1]

---

[1] 任轩：《运河杭州段上的"世界能源"》，《杭州日报》，2022-09-30。

海小枪枪童书馆

海小枪枪童书馆

  杭州小河直街上一幢灰色的别致小楼里，坐落着一座书房，被一圈绿树灌木掩映着。小楼上下两层，约 200 平方米。海小枪枪童书馆由小说家、编剧海飞老师策划推动建立，是杭州市拱墅区小河街道和杭州海啦啦文化传媒有限公司合力打造的一座公益性童书馆，于 2021 年 10 月开馆。童书馆内的藏书，一部分来自童书作家海小枪枪，另一部分经典藏书来自社会捐赠。童书馆定期推出"海小枪枪童书馆·公益课堂"，邀请国内知名的童书作家作为童书馆的领读作家，以主题分享的方式与孩子面对面交流互动，系杭州市作协的文化惠民活动之一。童书馆还组织适合少儿的各类征文、朗诵、参观纪念馆等活动，深受少儿读者的喜爱。

地址：杭州市拱墅区小河街道明真宫3—5号。

童书馆内部

周边研学点：丝联 166 文创园、江墅铁路遗址公园

丝联 166 文创园：由原杭丝联厂房改造而成。杭丝联，全称为"地方国营杭州丝绸印染联合厂"，作为中华人民共和国成立后第一个五年计划时期的国家重点建设项目，由周恩来总理亲自批准兴建，是国内第一家制

丝联 166 文创园外围

丝、丝织、印染全能的大型联合企业，其中的锯齿形厂房，由苏联的国家第一设计院专家设计建造。2001 年，破产的杭丝联进行企业重组，2007年在腾出的锯齿形厂房内创办了丝联 166 文化创意产业园。园区注重展示丝联的历史文化，进入园区可以看到 20 世纪六七十年代的缫丝机、捻丝机、并丝机等，当年的厂房区域现在已成为保护工业建筑、保护工业遗产业态，集创意设计、文化体验于一体的特色文创园区[1]。

地址：杭州市拱墅区丽水路 166 号。

---

[1] 徐叔竞：《杭州 70 个经典建筑 60：「丝联 166」"万人大厂"华丽转身，成就杭州版798》，https://baijiahao.baidu.com/s?id=1645810942058040822&wfr=spider&for=pc，2019-09-27。

江墅铁路遗址公园：浙江省历史上第一条铁路就是杭州的江墅铁路。百年前，这条南起江干闸口的江墅铁路正是沿着现在的绍兴路通往湖墅拱宸桥畔，并因此而得名。1944年，侵华日军将江墅铁路的北段即艮山门至拱宸桥段全部拆除，江墅铁路不复存在，路基逐步成为公路。为重现这一历史碎片，2018年江墅铁路遗址公园建成并向市民免费开放，园内再现钟楼、候车室、老火车头和部分铁轨等设施，营造浓郁的历史氛围，向过往市民游客展示江墅铁路的历史。

　　地址：登云路南侧，金华路东侧。

江墅铁路遗址公园

铁路往事

　　交通是城市的动脉，关系着经济发展和民生。杭州的铁路历史始于光绪三十二年（1906）杭州火车站建成，时称清泰门火车站，是中国最早一批建设的火车站。在杭州清泰街与环城东路交会处的古清泰门公园内，还有清泰门火车站遗址可寻，供后人怀念、回忆。1907年经南星桥、清泰门、艮山门的城墙外地段到拱宸桥的江墅铁路支线建成。1937年9月26日钱塘江大桥通车，3个月后，为阻挡日寇南下，设计者茅以升亲自炸断大桥。这是杭州铁路最悲壮的一段历史。同年，杭州火车站也毁于战火，1941年才得以重建。从蒸汽机车到内燃机车再到电气化铁路，从绿皮车到和谐号再到复兴号列车，铁路的飞速发展和变迁，见证了中国民生在高质量发展过程中的累累硕果[1]。

---

[1]　吴崇远、金洁珺、陈蕾：《杭州火车站为何叫"城站"？112岁的故事了解一下》，浙江在线，2018-09-19。

弥陀寺公园明远书院

弥陀寺公园明远书院

　　明远书院是由晓风书屋联合杭州北山街道、红旗出版社联合打造的，2021年6月在杭州弥陀寺公园落成开放，是一处远离喧闹、小隐于市的书房。明远书院中的"明远"一词出自《晋书·贾充传》中的"雅量弘高，达见明远"，意为"透彻而深刻，清朗而旷远"。77年前的1946年，决心教育救国的明远学社先贤们深以社会动乱、学荒严重为苦，潘天寿、丰子恺等大家，遵明远学社创办人经亨颐先生遗志，即"以人格教育恢复革命

书院一角

之元气，创明远中学为集体奋斗之根基，事虽多阻挠，却未尝稍为屈服"，在弥陀寺公园发起创办明远中学。"明远立人、求是创新"的治学精神始终指引着后人。现在大家所熟知的浙江大学附属中学，其前身就是明远中学。

明远书院建筑古色古香，韵味十足，保留了历史建筑的原始风貌。内设有红旗书屋、晓莲书屋和公共活动区域，书院每月开展好书推荐、阅读分享会等公益文化阅读活动，是周边居民阅读、市民交流互动的一个公共文化场所。书院的开放，让这个昔日水路纵横，连接运河、西湖，有着深厚文化底蕴的弥陀寺公园及明远书院重新成为杭州人的文化家园。

地址：杭州市西湖区体育场路 533 号。

周边研学点：弥陀寺公园

　　弥陀寺建于清光绪四年（1878），是杭州四大寺庙中的一座，至今已有 140 多年的历史。清末民初，与云林禅寺、净慈禅寺、法喜禅寺并称为杭州四大名寺。弥陀寺所在的松木场，是当时杭州的一个交通要道，连接着运河和西湖。每年春天，各路香船蜂拥杭城。香客们的第一站就是弥陀寺，在松木场下船便可直达弥陀寺山门，香火盛极一时。可惜世事沧桑，风流总被雨打风吹去，只有弥陀寺巷、弥陀寺公交站这样的地方还在努力承载着一个名寺昔日的辉煌。弥陀寺在岁月中历经沧桑，旧址上先后办过工厂、学校，后来又成了民居。直到 2016 年初，修缮后的弥陀寺作为城

弥陀寺公园内的石刻

市文化公园，再次向市民开放。现在，弥陀寺的 8 幢古建筑，都已修旧如旧，包括山门、大佛殿、念佛堂、藏经楼、老厅、新厅、法雨庵、石经阁，有故事的弥陀寺又回来了。公园里最著名的是弥陀寺石刻，一整面山墙的石壁上凿刻着的《佛说阿弥陀经》，是目前杭州最大的摩崖石刻。

地址：杭州市西湖区体育场路 533 号。

摩崖石刻

摩崖石刻是中国古代的一种石刻艺术，指在山崖石壁上所刻的书法、造像或者岩画。摩崖石刻起源于远古时代的一种记事方式，盛行于北朝时期，直至隋唐以及宋元以后连绵不断。

摩崖石刻，有广义和狭义之分，广义的摩崖石刻是指人们在天然的石壁上摹刻的所有内容，包括各类文字石刻、石刻造像，还有一种特殊的石刻——岩画也可归入摩崖石刻。狭义的摩崖石刻则专指文字石刻，即利用天然的石壁刻文记事。

摩崖石刻不仅有着丰富的历史内涵和史料价值，许多摩崖石刻因为是政治或文化名人所题，书法精美，还具有珍贵的艺术价值。同时，这些不同年代、不同民族文字的摩崖石刻，或富于天然之意趣，或体量巨大、气势恢宏，或为名家手笔，为秀美的自然风景增加了深厚的人文内涵。

乾仓书房

乾仓书房一角　　　　　　　　　乾仓书房一角

　　乾仓书房，位于杭州市余杭区仓前街道仓兴街 186 号，是余杭区图书馆仓前分馆。书房面积约 2000 平方米，藏书近 3 万册，馆内有书架区、阅读区、活动区、体验区和展示区等多个功能区域，为周边读者提供全方位的服务。书房定期举办"学在乾仓""创在乾仓""爱在乾仓"等特色活动，为社区少年儿童、青年创客和中老年居民常态化提供文体社团和读书交流活动的场所。在这里，读者可以遨游书海，了解余杭的历史文化，还可以参加不定期举行的亲子、书画、烘焙等有趣的活动。书房内配备电子大屏、投影等硬件设备，还提供共享充电宝、共享雨伞、读者就餐区等一系列便利服务。

地址：仓前街道仓兴街 186 号。

周边研学点：章太炎故居、余杭四无粮仓陈列馆

章太炎故居： 在举世闻名的京杭大运河南端，余杭区仓前街道的余杭塘河畔，曾经诞生过一位中国近代民主革命家、思想家和国学大师——章太炎。章太炎（1869—1936），名炳麟，字枚叔，号太炎。他一生"三入牢狱、七被追捕"，为推翻帝制、建立共和做出不可磨灭的贡献。周恩来总理称誉他为"一代儒宗、朴学大师，学问与革命业绩永垂史册，是浙江

章太炎故居

故居一角

人民的骄傲"。章太炎一生留下400余万字的学术著作，是中华文化宝库中弥足珍贵的财富。

　　章太炎故居位于仓前老街的中段，包括故居本体、游客服务中心、专题展厅、章太炎生平展厅、章太炎研究中心和国学讲堂等部分。故居正门悬挂赵朴初先生题写的"章太炎故居"匾额。章太炎故居坐北朝南，共四进一弄，由轿厅、正厅、内堂、书房、避弄等组成。故居前三进为晚清建筑，章太炎先生出生于此，并度过青少年时期；第四进系民国早期太炎先生长兄章椿伯建造，现辟为太炎先生后裔捐献文物特展厅，以传统与现代相结合的多种手法展现太炎先生辉煌的一生。

地址：杭州市余杭区仓前街道仓前塘路 59 号，京航路与仓前塘路交会处附近。

余杭四无粮仓陈列馆：仓前粮仓起源于南宋时期的临安便民仓。随着历史变迁，临安便民仓早已不复存在。现在的仓前粮仓坐落于仓前老街最东端的余杭塘河边，坐北朝南，由四栋单体建筑组成。其中两栋老仓建于

余杭四无粮仓陈列馆

粮仓内景

清道光九年（1829），距今已有近200年的历史；两栋新仓分别建于1957年和1963年。1957年的那栋是按照苏联专家设计的仓型建造，俗称"苏式仓"，为余杭县第一批砖瓦结构沥青地坪的新式粮仓。1953年，余杭县粮食保管部门在全国首创"无虫"粮仓，仓前粮库为其中之一。1954年，在"无虫"粮仓基础上倡议并创建"无虫、无霉、无鼠、无雀"的"四无"

粮仓，受到中央及地方政府表彰。

为保存好仓前"四无粮仓"的文物及旧址，挖掘和弘扬优秀粮食文化，余杭区粮食局从 2007 年开始在原"四无粮仓"旧址之一的仓前粮仓着手筹建"余杭四无粮仓陈列馆"。经过两年多的筹备，陈列馆于 2009 年 7 月开馆，由"杂交水稻之父"袁隆平院士题写馆名。陈列馆详细展示了余杭"四无粮仓"的创建和发展历史、粮食仓储历史、农耕文化和粮油票证、粮油品种等，是全国第一个以粮食为题材的陈列馆。

地址：杭州市余杭区仓前街道灵源村。

研 学 拓 展 知 识

粮仓故事

杭州城西古运河畔有个 800 余年历史的古镇，名为"仓前"。仓前，顾名思义，粮仓之前。粮仓南临余杭塘河，古汉语以"南"为"前"。这里因粮仓而得名，因粮仓而兴盛。仓前是著名的稻米之乡，粮源丰富，京杭大运河的支流余杭塘河横贯其中，运输十分便利，南宋绍兴二年（1132）便在此建立了粮仓。

"民以食为先"，我国历代把粮食作为"国之重宝"，粮食储藏成为中华民族农耕文化的组成部分。处于杭嘉湖平原上的杭州运河两岸曾经到处都是漕运码头和粮仓，而现存的古粮仓只有运河旁的富义仓遗址和仓前街道的"余杭四无粮仓陈列馆"。

杭州图书馆环保分馆

杭州图书馆环保分馆入口处

　　杭州图书馆环保分馆开设在杭州半山街道天子岭静脉小镇，是一家以环保为主题的公共图书馆，和杭州天子岭生活垃圾填埋场近在咫尺，因此被称为全球首座"垃圾场上的环保图书馆"。这座从"垃圾山"上生长出来的图书馆，是由杭州图书馆与杭州市环境集团在2016年合作设立的，目前这里已成为杭州市中小学环保教育基地。

　　环保分馆馆舍面积约1000平方米，藏书10万余册，涵盖自然科学、人文历史、生态环保、天文科学、旅行游览等内容，其中一部分文献来源于市民环保众筹，馆内设置阅览席位约40个。除了传统的借阅与咨询服务，环保分馆围绕环保理念和文化体验的服务宗旨，开展多种多样的公益活动，向市民推广、宣传环境保护知识与理念，尤其着重面向青少年开展一系列参观体验、亲手制作、亲身实验等环保主题的互动体验活动。

地址：杭州半山街道天子岭静脉小镇，拱墅区临半路 90 号。

周边研学点：天子岭生态公园

天子岭垃圾场位于杭州市北郊青龙坞山谷的天子岭，是杭州唯一的生活垃圾填埋场。其容积相当于 3 个西湖。2010 年 3 月，国内第一座垃圾堆体生态公园在已封场 2 年的天子岭第一垃圾填埋场上方建成并对市民开放。这座环境优美的公园土地下面竟埋着 900 多万吨的垃圾！

生态公园以杭州"市树"香樟、桂花树等（共 10000 多株）为主，其

天子岭生态公园[1]

---

[1] 图片来源：《这里的杨梅熟啦！采摘攻略收好 错过又要等一年！》，https://www.sohu.com/a/398311186_100020171，2023-07-19。

绿化面积共约 80000 平方米。生态公园每天制氧可供 70000 多人呼吸，同时可吸收二氧化碳约 7.6 吨（相当于 80000 多人 1 天的二氧化碳产量）。[1]

市民来到现场，可以感受日常生活垃圾产生后从前端清扫收集、清洁直运到垃圾分类处理及资源化利用的整个流程。公园的讲解员不仅会在现场介绍垃圾处理的不同方式、垃圾清运的流程、垃圾再利用等知识，还会通过互动游戏教孩子们如何进行垃圾分类。公园中矗立深受小朋友喜爱的回天大力神，高 8 米，重 10 吨，是由填埋场的各种废弃物组合而成的。

---

[1] 资料来源：《天子岭垃圾场生态公园 每天吸收二氧化碳 7.6 吨》，http://news.cntv.cn/20120406/116574.shtml，2023-06-26。

研 学 拓 展 知 识

环境与保护

　　中华民族向来尊重自然、热爱自然，绵延5000多年的中华文明孕育着丰富的生态文化。随着社会经济发展、城市化进程加快和人们生活水平提高，城市垃圾的排放量迅速增加，垃圾对城市造成的危害已不容忽视。习近平总书记说"绿水青山就是金山银山"，而天子岭静脉小镇也一直秉持践行"治好垃圾才有绿水青山，变废为宝就是金山银山"的理念。天子岭生活垃圾填埋场是全国首座符合国家卫生填埋标准的大型山谷型垃圾填埋场，应用先进的垃圾处理技术探索绿色低碳的生态文明模式，致力于城市生活垃圾无害化、减量化、资源化处理。研学过程中，通过听绿色环保知识讲座、观看视频、参加变废为宝创意手工课程等亲身体验的方式，学习生活垃圾分类、垃圾资源化利用相关知识，可以近距离感受垃圾分类处理工作的迫切性和必要性，增强绿色环保理念，参与绿色行动。

杭州图书馆茶文化主题分馆

杭州图书馆茶文化主题分馆入口

杭州市西湖区龙坞茶镇慈母桥村，是久负盛名的梅龙"九曲红梅"的出产地。杭州图书馆茶文化主题分馆，就坐落于这里一座昔日的小作坊——梅龙茶社中，该主题图书馆是一个雅集、阅读、吟文、修身、研学的理想去处。

茶文化主题分馆致力于茶文化的传播、传承与发展，以及传统文化（非遗）研究传承平台的搭建，以茶为媒介，用茶的语言讲述别样杭州故事，传播中华民族之雅韵。该主题图书馆面积约 2000 平方米，共 3 层，藏书 5 万余册。一楼设有与茶相关的创意产品展示区、茶制作体验区，二楼为非

茶文化主题分馆一角

遗大讲堂、阅读空间，三楼为文化交流区、"一带一路"茶文化展示以及少数民族特色陈列等。该主题图书馆是融图书陈列、读者借阅、举办各类茶文化主题活动、茶园观光、茶制作体验、茶艺表演、茶技能培训、茶文化研究、茶叶展示等多功能为一体的茶文化静态与活态相融的场馆。

地址：杭州市西湖区龙坞茶镇慈母桥村青龙山 1 号。

周边研学点：龙坞茶镇

龙坞茶镇位于杭州市西湖区西南侧的龙坞风景区内，素来有着千年茶镇、万担茶乡的美誉，源远流长的西湖龙井茶文化，早已成为这座小镇的文化名片。早在宋末元初时，这里已经盛产茶叶。民国《杭县志稿》记载："茶叶有红、绿两种。绿茶产自龙坞、树塘、寿民、云泉、定山、回龙各乡，尤以龙坞、树塘为佳，俗称'定北茶'，与龙井相埒。"龙坞茶镇有茶园900多万平方米，是西湖龙井茶最大产区，茶叶总产量占到西湖龙井茶总产量的70%。这里被钱塘江与西山国家森林公园环抱，是杭州市区自然风貌保存最完整的地区之一，可以说龙坞茶镇是泡在西湖龙井里的小镇、都会里的桃花源。

龙坞"大茶壶"

饮茶小知识

我国茶叶制作技艺有着悠久的历史。3000多年前，西周祭祀的仪礼上已出现了用来佐饮的茶。古代茶称为"荼"，名见《诗经》。三国和西晋时期，江南饮茶已成习尚。唐代茶风大盛，玄宗在《开元文字音义》中将"荼"改为"茶"，其后还出现了陆羽的《茶经》。宋代以前，饮用的茶多为紧压茶，即将茶叶蒸后捣碎，制成团块状，饮时用水烹煮，有时还在茶中放入瓜仁、松子等干果。宋代改唐代的煮茶法为点茶法。点茶法是将茶叶末放在茶碗里，注入少量沸水调成糊状，然后再注入沸水，或者直接向茶碗中注入沸水，同时用茶筅搅动，茶末上浮，形成粥面。至清代改为沸水冲泡，相沿至今。

网易蜗牛读书馆

网易蜗牛读书馆

网易蜗牛读书馆坐落在杭州市滨江区北塘河创新中心，是由杭州市滨江区政府与互联网公司网易合作推出的公益文化项目，于 2018 年 10 月开馆。在北塘河畔的江一公园，宽阔的草坪上很显眼的一座红色独栋建筑就是网易蜗牛图书馆。图书馆一共有 2 层，馆内规划了静读区、沙龙区、亲子阅读区、网易严选的零食区和咖啡区。阅读区域光线柔和，有舒适的沙发椅，吸引市民驻足休憩，品书阅读。

进馆读者凭市民卡、身份证或者支付宝可免费借阅图书,同时,读书馆作为网易蜗牛读书APP的线下延伸空间,在馆内可以免费阅读APP上3万多种电子图书,读者可以第一时间阅读到最新出版的图书。网易蜗牛读书馆以读书为中心,以文化沙龙活动为特色,以互联网文化为补充,邀请各方名家,定期发起举办文化活动、作家沙龙、展览演出、文化论坛等,打造倡导"价值阅读""全民阅读"的公益文化空间,为杭州市民提供一线文化交流机会。

地址:杭州市滨江区创慧街18号北塘河创新中心6号楼。

网易蜗牛读书馆一角

周边研学点：北航杭州创新研究院航空航天科普体验展厅

北航杭州创新研究院是由北京航空航天大学与浙江省、杭州市及滨江区三级政府共建的新型高水平研究机构。为了更好地履行研究院的社会服务职能，研究院为青少年打造了航空航天科普体验展厅。

展厅既有航空航天科学技术和文化的集中展示，也有超高仿真度的展品和真实有趣的互动体验设施，航空航天展品包括长征系列火箭、嫦娥月球探测器、天宫空间站、"运 –5"运输机、航空发动机等航空航天模型，莱特兄弟 1∶1 还原风洞、时光之翼互动空天画卷、裸眼 3D 屏等经典展项。

北航杭州创新研究院航空航天科普体验展厅

展厅每周六、周日面向社会公众免费开放参观，并定时由研究院的小哥哥小姐姐们提供专业的讲解服务。讲解时间分为三个时段，分别为每个开放日的 10：00、14：00、15：30，全程讲解约为 50 分钟。此外，展厅还提供空天信特色研学、航空航天 STEM 课程、课程培训、相关赛事等特色服务，可以关注微信公众号"小航家探索局"进一步了解详情。

地址：杭州市滨江区创慧街 18 号北塘河创新中心 6 号楼。

中国航天的"星辰大海"

对于普通人而言，"航天事业"一词既象征着国家实力，也充满了无穷的神秘感。

中国航天事业自1956年启动以来就从未停止前进的脚步，从第一艘载人航天飞船神舟五号发射成功到第一次实现太空漫步，从"嫦娥"登月到"天宫"揽胜，从第一颗原子弹成功爆炸到如今领先于世界的航天技术，中国航天历经千难万险，正在飞速发展。

中国航天日设立在4月24日，你知道是因为什么吗？是为了庆祝1970年的这一天，我国第一颗人造地球卫星"东方红一号"发射成功，从而拉开了中国人探索宇宙奥秘、和平利用太空、造福人类的序幕。设立中国航天日，就是要让所有的中国人民铭记历史、传承精神，激发全民尤其是青少年崇尚科学、探索未知、敢于创新的热情。

滨江区图书馆知识产权分馆

滨江区图书馆知识产权分馆入口处

　　滨江区图书馆知识产权分馆坐落于杭州市滨江区知识产权大厦一楼大厅。走上大厅东侧靠墙楼梯，是一处安静的阅读场所，特别是周末时段，无嘈杂吵闹之声，进入馆内可打开自助式室内照明，离开时记得随手按下开关便可。

　　馆舍分自主阅读区和休闲交流区两部分，馆藏图书以知识产权类为主，辅以文学类、哲学类等书籍，其中上架的知识产权类图书超过 5000 册，包括知识产权法律、政策、年鉴等各类文献。知识产权分馆还提供电子文献查询业务，为用户提供全面的知识产权文献服务。此外，知识产权分馆还定期举办各类培训班和研讨会，提高用户利用知识产权法律和技术信息的能力。

地址：杭州市滨江区丹枫路 399 号知识产权大厦大厅东侧。

周边研学点：杭州低碳科技馆、杭州奥体博览城

杭州低碳科技馆：位于杭州市滨江区江汉路 1888 号，2012 年开馆。该馆是全球第一家以低碳为主题的大型科技馆，是集低碳科技普及、绿色建筑展示、低碳学术交流和低碳信息传播等职能于一体的公益性科普教育机构，也是公众特别是青少年了解低碳生活、低碳城市、低碳经济的"第

杭州低碳科技馆背面

二课堂"。为丰富展示手段，低碳科技馆还配有数字立体巨幕和球幕两个科普特种影院，用于放映科普电影。作为公益性科普教育机构，低碳科技馆免费开放，实行散客领票、团队预约制度。观众凭有效证件在总服务台领取门票，每人限领一张，有序进馆参观。

参观时间：每周三至周日9∶30—16∶30，领票时间为9∶30—15∶30。周一至周二闭馆（法定节假日另行通知）。团队参观须提前通过官网预约。

杭州奥体博览城：位于杭州钱塘江南岸，主要由杭州奥体中心、杭州国际博览中心、杭州世纪中心（杭州之门）等组成。这里是杭州亚运会的

"大莲花"——杭州奥体中心体育场

"小莲花"侧景

"主战场"，博览城中的主体育场和网球中心被形象地称作"大莲花"和"小莲花"。"大莲花"是杭州奥体中心体育场，由28片大花瓣和27片小花瓣组成，是继国家体育馆鸟巢和广东奥体中心体育场后的全国第三座8万座级别规模的体育场馆。与"大莲花"相隔不远的是网球中心场馆"小莲花"。虽然只有"大莲花"八分之一的大小，但是"小莲花"座席达1.56万个，是目前国内最大的单体网球场馆之一。体育场馆的首层设有体育竞赛用房、杭州非物质文化遗产展示中心、杭州群众文化活动中心、中国印学博物馆新馆，体育和文化在此得到创造性的结合。

研学拓展知识

奥运小知识

　　奥运会全称为"奥林匹克运动会"，起源于古希腊，因在古希腊奥林匹亚镇举行而得名。奥运会最早的记录可以追溯到公元前776年，当时唯一的比赛项目是竞走。现代奥运会由国际奥林匹克委员会主办，是世界影响力最大、规模最大的综合性运动会，每四年一届，会期不超过16日。截至2022年，现代奥运会一共举行了32届。中国举办了一次夏季奥运会和一次冬季奥运会，参加过11次奥运会。奥林匹克运动格言是"更快、更高、更强、更团结"，充分表达了奥林匹克运动所倡导的不断进取、永不满足的奋斗精神。战胜对手，是为了超越自己，但最终的目的是让人类成为一个更加团结的命运共同体。

杭州图书馆动漫分馆

杭州图书馆动漫分馆

　　杭州图书馆动漫分馆位于中国动漫博物馆 3 楼，由中国动漫博物馆和杭州图书馆合作共建，是一座集藏、借、阅、休闲于一体的现代公共图书馆。该馆依托中国动漫博物馆和杭州图书馆的优势资源，致力于传播动漫文化，为广大市民群众感受动漫活力、阅读动漫文化提供了一处新型阅读打卡之地。

　　馆内全景式弧形玻璃窗设计，别具一格，站在窗前，美丽的白马湖美

动漫分馆一角

景尽收眼底，读者可在此享受悠闲时光。图书馆设置了阅览区和外借区两个区域，与中国动漫博物馆内的影视区、剧场、视听室等形成极具特色的配套功能，在此空间还不定期举办动漫主题的阅读分享、手工制作、cosplay 表演等活动，体现多元化服务理念。动漫分馆拥有艺术、历史、文学等多种类馆藏图书，特别是动漫文化相关图书资源丰富，已初步形成以动漫文化为特色的藏书体系。

　　地址：杭州市滨江区白马湖路 375 号中国动漫博物馆 3 楼。

周边研学点：中国动漫博物馆

　　中国动漫博物馆是一家经国家广电总局和中国动画学会批准的"国字号"动漫博物馆，占地面积为27700平方米，主体建筑面积为30382平方米，为国内规模最大、展品最丰富、内容最权威的专业动漫博物馆。馆内设有四大展区，"动漫你的遐想"展现中国动漫的百年精彩瞬间，"动漫你的回忆"介绍中国动漫的发展历史，"动漫你的今天"讲述国内动漫产业的发展现状，"动漫你的未来"呈现动漫技术在前沿科技中的运用。馆内还有剧场、影视区、图书馆、视听室等极具特色的配套功能区域。

　　开馆时间：周三至周日9：30—16：30（16：00停止入场），周一、周二闭馆（法定节假日照常开放，顺延闭馆）。

　　地址：杭州市滨江区白马湖路375号。

中国动漫博物馆

研学拓展知识

动漫文化

　　动漫文化是指在视觉消费时代以动漫形象为基础、以现代传媒为动力支撑的大众文化。动漫文化作为一种视觉文化，具有极强的表现力与通用性。在当今动漫文化盛行的年代，动漫文化在文化价值观传播、思想政治教育方面的功能不可小觑。

　　中国动画起源于20世纪20年代，1926年摄制的中国第一部动画片《大闹画室》，揭开了中国动画史的第一页。中华文明上下五千年的历史积淀，有着深厚的、待开掘的潜力，浩如烟海、丰富多彩的历史典故和民间传说，为动漫创作提供了取之不尽的人物故事和创意源泉。《大闹天宫》《小蝌蚪找妈妈》《哪吒闹海》《葫芦兄弟》等经典之作，都是从传统文化中汲取灵感，并展现出浓郁的东方美学特色，成为一代人的童年记忆。如何让传统文化在动漫作品中焕发时代光彩，从中华优秀传统文化中汲取营养，弘扬时代精神，找到传统文化与当下文化的连接点，以现代方式讲述传统故事，形成中国动漫自己的风格，是今后中国动漫的发展方向。

From 余杭融设计图书馆

旧礼堂改建的融设计图书馆

　　在杭州余杭区的青山村，有一个与众不同的图书馆。不同于大众认知中图书摆满柜架的传统格局，这里展出的不仅仅是图书，还有许多艺术品。与其说是图书馆，倒更像是一个美术馆或者艺术展厅。整个图书馆空间由四部分组成：第一部分是中国传统材料图书馆，将历年对传统手工艺的研究，对丝、竹、土等材料的解构与分解，进行整理，并公开数据方便设计师取用；第二部分陈列着设计师推荐和捐赠的设计图书；第三部分是设计

融设计图书馆内景

概念店，展示设计作品；第四部分是设计展空间，会不定期举办艺术设计展览、发布设计奖项、进行产品发布等。

　　该图书馆是在余杭区政府的支持下，将青山村旧礼堂修缮改建，并由设计师张雷、德国人克里斯托夫（Christoph）和塞尔维亚人乔瓦娜（Jovana）联合创建成立的。融设计图书馆以"设计"本身为出发点，致力于中国传统文化的传承与保护，对中国传统手工艺材料与工艺方法进行了梳理，对竹、丝、土、铜、纸等传统材质进行解构，也对榫卯、着色、编织、铸造、扎结等传统工艺进行研究。融设计图书馆始终只做两件事情：第一件是解构和梳理中国传统手工艺和材料；第二件是基于前者，探索当代设计与艺术语言。

　　地址：杭州市余杭区黄湖镇青山村东坞礼堂。

周边研学点：青山自然学校

青山自然学校，位于余杭区黄湖镇青山村，由大自然保护协会携手公益基金和金融企业等多方助力建设，是一座因"水"而生、以崇尚自然保护生态为理念的自然学校。学校里由夯土、建筑垃圾压碎制成的砖建成的两幢房子，墙的内外都保留了夯土本来的土黄色，配上屋顶中式传统的小青瓦，显得古朴而富有诗意。青山自然学校已成为青少年培训基地，开展一些与自然相关的拓展活动，周末及节假日举办自然类的体验活动，关注学校的公众号即可轻松获取课程信息。作为"余杭区第二课堂"和"阿里巴巴公共自然教育基地"，青山自然学校主要为周边城市的学校、企业提

青山自然学校入口

青山自然学校内景

供大自然科普和环保主题教育的团建活动，让学习者通过与大自然的亲密接触，认识大自然，回归大自然。

学校斜对面就是青山村室外运动场，内含覆盖天然草皮的七人制足球场和五人制足球场、1个沙滩排球场、1个网球场（配有灯光）。秉着共建共享的原则，室外运动场地日常对外免费共享开放，如果是体育包场或其他商业活动，则需付费预约。球场内配置有一个24小时无人自助便利店，满足运动场上人员的购物需求。

研 学 拓 展 知 识

大自然科普

自然教育就是要让孩子回到自然中去，亲近大地，带领他们在大自然里做游戏，去体验人与人、人与自然以及自然本身应有的和谐与平衡，去感受大自然的奥妙与完美，从而学会欣赏自然、尊重生命以及开发想象力。孩子们的天性是喜欢亲近大自然的，他们是天生的自然观察者，但遗憾的是，生活在城市的他们并没有足够的机会去接触大自然。

基于青山村的生态环境与自然资源，秉承"人与自然和谐共生"的理念，青山村走出了一条"生态保护＋自然教育＋传统工艺＋研学旅游"的绿色发展之路。在这里开展的公益自然课、公益除草活动等乡村自然教育课堂，让孩子们意识到水源保护的重要性，同时领略和探索大自然的奥秘。

中国球拍文化图书馆

中国球拍文化图书馆

中国球拍文化图书馆坐落于杭州市富阳区上官乡四堡村的中国（上官）球拍产业园内，图书馆室内建筑面积800平方米，是一家集主题文献陈列、文献借阅、球拍展示、体验、活动推广等功能于一体，以球拍文化为特色的主题图书馆。馆内现有藏书2000余册，不仅能提供球拍主题特色书籍的借阅服务，也能满足附近市民读者的一般借阅需求。

富阳区上官乡是全国主要的球拍生产基地，以生产羽毛球拍、乒乓球拍、沙滩板、网球拍等为主，先后被授予"中国球拍之乡""中国球拍出口基地"两个"国字号"荣誉称号。游客打卡球拍文化图书馆后，可以到中国球拍文化展示馆参观了解球拍的发展历程，体验各类球拍运动，还可以顺道参观球拍产业园生产线。

地址：杭州市富阳区上官乡四堡村球拍产业园。

周边研学点：场源区委史料陈列馆、新四军两渡富春江红色研学中心、孙权故里——龙门古镇

场源区委史料陈列馆：上官乡是中国"球拍之乡"、浙江省"毛竹之乡"、浙江省"兰花之乡"，也是富阳唯一村村都是革命老区村的乡镇。抗日战争时期，中共路西县委为巩固和发展路西抗日根据地建设，在富阳境内建立了窈口、场源两个区委、区政府，其中场源区委、区政府就设在上官大盛村。2021年对大盛村新四军场源区委抗日根据地旧址进行抢救性修缮和保护，设立了场源区委史料陈列馆。陈列馆以路西县工委、萧富联络站、场源区委、区抗日民主政府为发展脉络，通过展示浮雕绘画和珍贵展品、场景还原等展陈方式，再现了新四军两渡富春江时的峥嵘岁月。

新四军两渡富春江红色研学中心：常绿镇是抗日战争、解放战争时期中国共产党领导的革命武装在富阳活动时间最长、活动区域最广的乡镇，镇里留下了一大批革命遗址和红色遗迹。为纪念新四军两渡富春江这段光辉历史，新四军两渡富春江红色研学中心于2021年6月落成启用，位于富阳区常绿镇大章村，是集纪念、展示、教育、研究等多种功能于一体的大型红色主题研学中心。展陈面积为2120平方米，以新四军两渡富春江

为时间轴，分"中共中央发展东南战略决策""新四军苏浙军区一渡富春江""新四军苏浙军区二渡富春江""路西抗日根据地""军民鱼水情""功绩载史册"6个部分，用半景画、场景复原、实物展示、多媒体影片、互动展项等现代声光电技术，配合多种绘画、雕塑形式，讲述新四军在浙江的战斗历程，以及金萧支队、蒋忠烈士等地方武装和重要人物的相关历史事件。

新四军一渡富春江半景画沉浸式空间[1]

[1] 图片来源：《为了最后的胜利 新四军两渡富春江》，http://www.zjsjw.gov.cn/zhuanti zhuanlan/qinglianwenhua/qingfengzhilv/202108/t20210818_4554782.shtml，2023-01-31。

孙权故里——龙门古镇：位于杭州市西南 52 公里的富春江南岸，龙门溪和剡溪从古镇中流过。相传，因东汉名士严子陵游览到此，曾惊叹"此地山清水秀，胜似吕梁龙门"而得名。古镇是三国吴大帝孙权后裔的最大聚居地，镇上有 7000 多人口，其中 90% 以上的居民为孙氏后裔。历史文化积淀深厚的龙门古镇，留存着浓郁的宗族氛围和独特的民俗风情。龙门古镇的孙晓梅烈士纪念馆，是龙门镇爱国主义教育基地、青少年活动基地、富阳党史学习教育基地。纪念馆内陈列着孙晓梅烈士的铜像、生活用具、书信手稿、事迹展板等，还原了少年时期的孙晓梅在龙门学习生活的场景，展现了孙晓梅从一个有志少年到信仰坚定的无产阶级革命者的成长历程。

孙晓梅烈士纪念馆入口处

研学拓展知识

红色革命历史

    富阳是一座深具红色基因的城市，富阳的光荣革命历史早在 1927 年便建立起来。无论在抗日战争还是解放战争时期，富阳作为战争的前沿阵地和游击区，见证了侵浙日军投降仪式，新四军两渡富春江、新登战役等革命事件永载史册。富阳红色资源丰富，拥有深厚的革命基础。在抗日战争、解放战争时期涌现出了一大批以孙晓梅、蒋忠烈士为代表的可歌可泣的革命人物和一段段可敬可佩的革命历史故事，留下了众多的革命活动遗迹。这里有日本侵略军留下的千人坑遗址、金家山人民英雄纪念碑、郁达夫故居、松筠别墅旧址、抗日英雄孙晓梅纪念馆等一大批革命遗址和红色遗迹。

建德镇头小人书图书馆

镇头村村口的"小镇头"[1]

  "小人书"也称小画书,通行的称呼是连环画。小人书图文并茂,故事人物鲜活生动,情节精彩迷人,成为20世纪的年代回忆,翻阅小人书也是雅俗共赏的生活点缀。在杭州建德的镇头村文化礼堂二楼,有一个独具特色的小人书图书馆,该主题图书馆目前拥有藏书5万册,收藏着《英雄小八路》《铁臂阿童木》《齐天大圣》《星球大战》等上万册小人书。

---

[1] 图片来源:《这个村是怎么做到从"三无村"变成IP网红村的?标牌的妙用》,https://ishare.ifeng.com/c/s/v002ifL9q80zdlVGOciR1w3Mh7s9DijQO1DCsvwOZR--ggvk__,2023–01–31。

镇头村是浙江省第一批发明研学教育基地，为提升乡村旅游的品质、丰富村民的文化精神，村里的文化礼堂开设了镇头水库纪念馆、小人书图书馆、火花展览馆。漫步镇头村，随处可见可爱的卡通代言人"小镇头"，在时光照相馆里可走进20世纪六七十年代记忆斑驳的"时光隧道"，到童年记忆跑道上玩一玩那个年代小朋友们玩过的跳格子、跳房子、跳远等游戏。

地址：杭州建德镇头村。

建德镇头小人书图书馆[1]

---

[1]　图片来源：《这个村是怎么做到从"三无村"变成IP网红村的？标牌的妙用》，https://ishare.ifeng.com/c/s/v002ifL9q80zdlVGOciR1w3Mh7s9DijQO1DCsvwOZR--ggvk__，2023-01-31。

周边研学点：蒋治烈士故居、梅城古镇

蒋治烈士故居：位于三都镇乌祥村中心位置，是蒋治烈士诞生和少年时期居住之地。故居现在是一处红色旅游基地、爱国主义教育基地。蒋治，字子谦，1910 年出生，三都镇乌祥村人。1939 年，蒋治出任中共丽水中心县委书记，他以新知书店经理的公开身份作为掩护，开始开展党的地下工作。29 岁的蒋治积劳成疾，带病坚持编辑《合工十日》《动员周刊》两本刊物，并同时担任《浙江潮》和《新力》两刊主编[1]。1940 年，为革命奉献一生的蒋治在皖南病逝。中华人民共和国成立后，蒋治被追认为革命烈士。

蒋治烈士故居入口[2]

---

[1] 资料来源：《红色文物故事：烈士蒋治的诗稿〈曙光在前〉》，"杭州党史方志"微信公众号。

[2] 图片来源：《"三下乡"社会实践｜红色基因永相传 奋进喜迎二十大（四）》，"青春育英"微信公众号。

梅城古城墙[1]

梅城古镇： 建德梅城古镇，古称严州府。"梅城"一名因古城墙临江一段筑成梅花形而来。根据史料记载，自三国吴黄武四年（225）置建德县，周神功元年（697）睦州州治迁至严州古城，此后一直到1959年其均为州府、路、专署所在地，历史文化积淀深厚。梅城依山傍水，山清水秀，我国著名的古典小说如《水浒传》《儒林外史》《官场现形记》《金瓶梅》等，都曾描述过梅城的人文山水。梅城古镇现存的城市格局存在近700年，古城墙在战火中走过几百年，是浙江省内保存较为完好、历史较为悠久的古城墙，古城墙南侧是新安江、富春江和兰江三江汇合处，站在城墙上可将山景、江景尽收眼底。在文旅融合、传承严州文化的背景下，古城内修建了龙山书院、大清邮局、浙大西迁建德办学点、老家乡愁记忆馆等12个沉浸式文化体验场馆，游客到此可探寻古城风韵。

---

[1]　图片来源于徐昱摄：https://www.sohu.com/a/464494521_121019331，2023-01-31。

研 学 拓 展 知 识

严州非遗知识

有着千年州府文化的建德，拥有丰富的非物质文化遗产，截至目前，拥有国家级非遗代表性项目1个、省级15个、杭州市级28个、建德市级132个。严州虾灯、硬头狮子、新叶昆曲等非遗项目，深受群众喜爱。

新叶昆曲是金华昆曲的延伸，被列入"浙江非遗普查十大发现"和"杭州市非遗十大濒危保护项目"。新叶昆曲声腔属曲牌体，"声各小变，腔调略同"，唱腔为昆腔。演唱不讲究"平上去入""字头字腹字尾"等要求，念白、韵白基本上用的是带有明显建德、兰溪一带口音的中州韵，抒情性强。新叶昆曲以质朴无华、原始率真的个性，形成了自己的表演特色，不失婉约厚重，别具田野清香，表达出不一样的文化承载与情感寄寓。

杭州书房·荻浦乡村图书馆

杭州书房·荻浦乡村图书馆[1]

桐庐县荻浦乡村图书馆，是一家民间公益图书馆，面积约400平方米，藏书10000余册，于2016年4月23日"世界读书日"正式开馆。2021年，场馆进行创建提升，被打造成杭州书房·荻浦乡村图书馆。[2]

---

[1] 图片来源：《你是人间四月天 江南春意现 》，https://www.sohu.com/a/312177502_71 4583，2023-01-31。

[2] 资料来源：《够美、够潮、够出片！这些桐庐特色书店，你最中意哪家》，https:// www.sohu.com/a/668833533_121117483，2023-06-26。

结合本地孝义文化特色，荻浦乡村图书馆与多个社会组织结成公益联盟，在乡村阅读和公益性文化活动推广基础上，组织开展丰富多样的体验活动。同时，提供免费的图书借阅，开展绘本图书交流、经典诵读、电影赏析、孝义文化宣讲、诗社雅集等形式多样的活动，致力于乡村少年儿童阅读推广。

图书馆所在的荻浦村历史悠久，距今已有900多年历史，文化底蕴深厚。孝义文化、古戏曲文化、古造纸文化、古树文化为荻浦四大特色文化。村内古建筑以明清时期的徽派建筑为主，至今保存良好。村里现存有宋代的范井，明代的水系，清代的石坊、庙庵、祠堂、民居等40余处，值得一逛。

地址：杭州市桐庐县荻浦村。

周边研学点：深澳古村落群

深澳古村落群以深澳古村为主，还包括周边的徐畈、环溪、荻浦等村庄。"深澳"以水得名，因为村落地下都是泉水，沟就是"澳"，深藏地下之沟即为"深澳"。深澳古村的水系和古建筑是其两大显著特色，村内有一个独立完整的水系，由暗渠、明沟、坎儿井、水塘、溪流组成，至今还沿用着千年前的给排水系统，800米构造巧妙的暗渠贯穿整个村庄，每隔一段就有一个澳口，流经各家各户的门前屋后。深澳的古建筑目前尚存百余座，这些历史悠久的古建筑使深澳同时也成为一座古建筑雕刻博物馆。水系和古建筑构成了"深澳"的躯干，而文化底蕴的传承与创新则赋予其"深奥"的灵魂。在美丽乡村建设进程中，来到这些斑驳的老街、

深澳古村村口池塘[1]

古朴的宗祠、原生态的古村落里，可体验香囊刺绣、扎染、传统灯彩等传统文化技艺，感受深澳古村的绵绵古韵。

---

[1] 图片来源：《春游浙江古镇，品味别样人生》，http://mb.yidianzixun.com/article/0IjB6 a24?s=mb&appid=mibrowser&ref=browser_news，2023-01-31。

研 学 拓 展 知 识

宗祠文化

根深才能叶茂，家正方能兴族。崇拜祖先是中国古人的精神信仰，祭祀祖先是中华民族的传统文化。祠堂是姓氏宗亲的精神支柱和精神家园，是家风家德教育的一个重要场所。[1]

桐庐的江南古村落较为完整地保留着历史古村落建筑的风采，是了解当地浓厚的宗祠文化的窗口。因为祠堂文化是中华民族传统文化的重要组成部分，所以我们需要科学地认识祠堂文化的现象和本质，辩证地看待祠堂文化的积极作用，取其精华，弃其糟粕。

[1] 资料来源：《祠堂文化在中华姓氏文化中的作用及传承意义》，https://www.nbgjz.com/10060.html，2023-06-26。

浙北区域（嘉兴、湖州）

研学阅读之旅

莫干山民国图书馆

莫干山民国图书馆

　　来到莫干山镇庾村莫干山民国风情小镇广场，你会发现这里有一个主题图书馆，彩色琉璃窗，素雅的玄米色印花地砖，墙边的老旧壁炉怀旧又温馨，它就是莫干山民国图书馆。图书馆建筑前身为民国时期外交部部长黄郛先生在1932年创办的私立莫干小学礼堂，当年叫黄埔小学。2015年经翻修改建而成，2016年对外免费开放。图书馆馆舍占地面积不大，但是精巧的内部布置，优雅的装修，让人心甘情愿地在这里度过一段美好的时光。

图书馆一角

　　该主题图书馆藏有超万册有关民国时期政治、经济、历史、文化等题材书籍，还有不少地方志、民国期刊，另有民国期刊数据库，收录了600余种20000余期民国报刊，从1902年创刊的《大路报》到1954年终刊的《当代日报》，馆内藏书与德清县图书馆实现通借通还。这里是开展莫干山作文公益夏令营等研学交流活动的理想场所。

　　地址：湖州市德清县莫干山镇黄大路50号。

周边研学点：莫干山庾村民国风情小镇

莫干山，位于湖州市德清县境内，素来享有"江南第一山"之美誉。莫干山挺拔峻峭，秀丽多姿，是中国四大避暑胜地之一。在莫干山的山脚下，有一座历史悠久的民国风情小镇——庾村。庾村其实非村，是集镇也。据史料记载，庾村的庾姓家族就是南北朝时著名文学家庾信的家族。庾信之父庾肩吾在文学与书法方面有"鸿名重誉，独步江南"之誉，而庾信更得杜甫"凌云健笔意纵横"的评价。[1]

莫干山车站

［1］ 资料来源：《通往民国最近的路——三莫线》，"浙江公路与运输"微信公众号。

庾村黄郛东路上，200多米长的民国风情街是"风情小镇"最耀眼的中心。庾村市集的11座建筑，大多是当年兴办蚕种场遗留下来的废旧厂房，如今脱胎成为别有民国情调的文化市集，老式照相馆、布鞋店、主题餐厅聚集于此，为百年庾村打上了"风情民国小镇"的标签。

从庾村广场出发，探寻小镇的莫干山老车站、莫干山文治藏书楼、1932文创园等，感受莫干山深厚的历史文化底蕴。旧时，庾村车站又称莫干山车站，是进山的唯一标志。如今老车站改建为莫干山交通历史展馆，和莫干山文治藏书楼一样，向来往的游客展示莫干山百年来过去与现在时空的距离以及故事。[1]

---

[1] 资料来源：《探寻莫干山前世今生，寻迹莫干山历史往事！》，"莫干山民宿协会"微信公众号。

黄郛及农村改良运动

20 世纪初叶兴起一股"乡村改造运动"热潮，一部分改良派知识分子，如晏阳初、梁漱溟、黄炎培等，深刻认识到农村问题在中国问题中的关键地位，把改造农村作为中国现代化的核心任务，发动了一场以改造传统乡村社会为直接目的并影响深远的实践性社会运动。莫干山也有这样的人物和实践时期。1931 年，曾任民国时期外交部部长、上海特别市市长的黄郛携家人退隐莫干山，发起了"莫干山农村改造实验"，以莫干小学为中心，办农民夜校，改良农业技术，兴建蚕种场，建立农村信用合作，开展灾荒救济，发展卫生事业，等等。抗战胜利后，庾村搞了两个复兴计划：一是接受了外部捐赠的 50 头乳牛和 2 头种牛，让当地人喝上了牛奶；二是建设了莫干蚕种场，培养了一个"天竺"牌的蚕种。2018 年，以此蚕种为主要产品的一家德清公司将这个蚕种出口到乌兹别克斯坦，为"一带一路"建设做了点贡献[1]。

---

[1] 李敢：《民国"莫干乡村改进"学理及其新时期乡建启示》，《中共宁波市委党校学报》2017 年第 1 期。

德清下渚湖湿地图书馆

下渚湖湿地图书馆

下渚湖湿地位于德清中部，是江南最大的湿地，也是防风古国的腹地。二都小镇位于下渚湖畔，防风山脚下，防风祠耸立街头，自然生态优越，历史底蕴深厚。下渚湖湿地图书馆就在二都小镇防风神街上，建筑面积近360平方米，馆藏图书4000余册，阅览座席70余个，具有藏书借阅、展览、活动、休闲等功能，为当地读者和游客提供公共阅读、聚会交流、文化休闲等特色服务，是一个极具湿地风情的特色图书馆。

国家级非物质文化遗产"防风传说"是下渚湖街道最具地方特色的文

下渚湖湿地图书馆一角

化符号。下渚湖湿地图书馆在提供基本的借阅服务基础上，重点结合下渚湖的特色文化，与德清县妇联、团县委等合作开展主题分馆的特色活动，通过活动吸引游客和周边村民积极参与。该主题图书馆会不定期举办阅读交流活动，是当地中小学生小红帽实践基地。

周边研学点：二都小镇

　　德清县下渚湖街道二都村是一个有着千年历史的古村落，历史文化底蕴深厚。传说4000多年前，二都村曾是汪氏始祖——防风氏的封地，他曾与大禹一同治水，因治水有功而被封于此，古称"防风国"。德清县在美丽乡村建设中，着力于挖掘历史悠久的文化和神话传说，2016年启动改造建设，改造后的二都小镇，以湿地景区为依托、防风文化为主线、特色小镇为落点，这里有防风老街、防风广场、防风祠、湿地民宿、缸瓦窑公园、琳琅水街。小镇无处不透露着防风文化，防风祠里面有防风祠大殿、风文化展示馆、传习所和戏台等场馆，展示着国家级非物质文化遗产"防风传说"的相关内容，是"防风氏祭典"活动的重要场所。

防风氏祠

研 学 拓 展 知 识

防风古国

4000 多年前，位于钱塘江流域与太湖流域间的防风古国，其统治中心方圆百里，包括今湖州市所属德清、长兴、安吉三县。当时已进入父系氏族社会末期，农业生产开始开渠排涝、养殖水稻蚕桑，良渚黑陶、手工业、开矿冶炼、水上交通和舟运亦渐成气候，私有制逐步兴起，防风古国呈现出一片兴盛景象。

《史记·孔子世家》记载，中原华夏部落军事联盟的最高首领夏禹巡视江南，在今绍兴会稽山召集各地诸侯会议。"防风氏后至，禹杀而戮之"，也就是说，禹借赴会迟到之罪，杀害了防风氏，制造了我国历史上第一桩千古冤案。防风国的先民纷纷外迁出逃，防风国也因此日渐衰微。后有学者认为，但凡"防风神茶"流传的地区，也是防风古国所属地域的有力佐证。防风氏殁后，防风国的古代文明依然在民间流传。延至唐宋，距二都西 10 余里的上柏报恩寺，以及周边许多寺庙，均受防风古国地域茶文化的影响而崇尚茶道。

德清蠡山民俗图书馆

蠡山民俗图书馆

　　德清县钟管镇蠡山村，有着"耕读传家"的淳朴民风，相传春秋时越国大夫范蠡辅助越王勾践"亡吴霸越"后功成身退，偕西施隐居于此，故名蠡山。村内有国家级文物保护单位古桥、古戏台等文物古迹多处，文化底蕴深厚。德清县首个民俗图书馆，是村里一幢闲置老房子经设计翻修改造而成的，2017年对外免费开放。这是一家立足水乡民俗、农耕文化，以"耕读传家"为定位的乡村特色图书馆，青砖黑瓦的两层小楼，木制的雕花窗棂，馆舍面积近 300 平方米，藏书达 1 万余册，拥有阅览座席 64 个。

在蠡山民俗图书馆里，集合了众多展现全国各地建筑风貌、民间工艺、民俗民风的民俗类书籍。图书馆结合当地特色地域文化，依托主题馆藏图书，每月与蠡山幸福邻里、村委定期开展全民阅读活动，定期举办读者交流会、国学讲堂、文化沙龙等，比如七夕鹊桥相会晚会、汉服有约、手工制作中秋花灯、下渚湖三道茶等民俗活动，以丰富的民俗文化内容及多样的活动形式吸引村民及游客参与，借此助推乡村文化振兴。

地址：德清县钟管镇蠡山村新华组（村委会东南侧约 230 米处）。

德清古桥群·普济桥[1]

---

[1] 图片来源：《德清古桥群-2 蠡山村普济桥、雷甸青云桥、下杨村永安桥》，https://blog.sina.com.cn/s/blog_561f4c450102x1rj.html，2023-02-01。

周边研学点：蠡山胜境

蠡山胜境位于大运河畔的德清县钟管镇蠡山村。清康熙《德清县志》载："昔范蠡扁舟五湖，寓居此地，属三致千金之一。"蠡山村历史悠久、文化丰厚，入选第二批"浙江省千年古镇（古村落）地名文化遗产"名单。蠡山虽不高，但是风景秀丽，景区有蠡山八景、蠡山遗址、范蠡祠及戏台等历史建筑和古迹，其中普济桥、蠡山遗址两处是全国重点文物保护单位。蠡山遗址位于钟管镇蠡山村大小桥自然村，属新石器时代古遗址。范蠡祠建于蠡山之巅，舟形建筑设计象征着范蠡泛舟五湖，祠内的古戏台设计巧妙，前后两面均临戏坪，俗称"两面台"，是我国戏台建筑之稀物，也是当今研究中国舞台建筑史的重要实物资料。

范蠡祠前殿楼阁

研 学 拓 展 知 识

范蠡祠

范蠡是春秋时期人士，以卓越的军事才能和非凡的商业头脑出名，其所呈现的商业才能大大促进了当时经济的发展和货物的流通。他从一名平民不断提升自己成为辅佐君王之人，再成为闻名天下的商人，为人谦厚，乐善好施，故后人建范蠡祠来纪念他的丰功伟绩。范蠡祠、范蠡墓在我国山东、安徽、湖北、浙江等地有五六处之多，范蠡作为"商圣"，又是"财神爷"，全国各地民间为纪念这位传奇人物建祠筑墓似乎可以理解，如今考证起来众说纷纭、莫衷一是，不过作为民间传说，其承载的文化精神底蕴也是值得保护传承的。浙江的诸暨和德清，就分别建有范蠡祠。诸暨的范蠡祠主要以范蠡的政治才能和商业才能，以及其所做出的业绩为展示内容。至于德清的范蠡祠，相传范蠡与西施曾居住此地，因而成为历代文人墨客游览吟诗之地。

德清乾元国学图书馆

乾元国学图书馆

在德清县乾元古镇余不弄的文化街区内，有一家幽静雅致的国学图书馆——修吉堂，是在德清望族徐氏修吉堂旧址上改建而成的。修吉堂在清代曾是乾元四大文化家族之一的徐家篆刻、出版书籍的地方，清康熙礼部侍郎徐倬编辑、康熙御定的《全唐诗录》，魏源编撰的《诗古微》就是在修吉堂刊印的。

乾元国学图书馆馆舍面积近 600 平方米，阅览座席 60 余个，现有藏书 2 万余册，馆藏文献以国学经典为主，是一处提供阅读、研究、讲座、游

乾元国学图书馆内景

学等活动的特色图书馆。场馆内设有成人和少儿图书阅览室、国学讲堂、研究室，配置自助借还设备。修吉堂与乾元镇文史馆和非遗馆一样，都是读者、游客了解德清历史，学习、感受国学文化的重要场所。

国学图书馆除了提供实体书籍借阅服务，收集和保存乾元地方文献，还不定期举办国学讲堂及读书活动，国学课程包括茶艺、诗词鉴赏等，深受市民喜爱。自2018年开馆以来，已邀请多位著名学者、文化名人在此开展国学讲座。每年暑假的国学夏令营与寒假的国学冬令营以及少年国学社为其主打品牌活动。

地址：德清县乾元镇余不弄10号。

周边研学点：千年古镇乾元

　　作为德清古县城，乾元镇有 1300 多年的历史积淀。民国年间曾经有个特别的名字"余不（fou）镇"，如今镇上还有一条"余不弄"。漫步古镇，处处可见历史的印记。里弄数量多，是乾元古镇城区最大的特色，其中小有名气的余不弄、谈家弄、丁家弄等特色里弄最值得一逛。

　　余不弄，青瓦白墙、石廊木檐，里弄两侧是典型的明清风格古建筑。约 300 米长的弄堂里有 3 处文化场馆，除了修吉堂，还有非遗馆和文史馆，它们是乾元百姓和游客了解德清历史、学习国学文化的重要场所。乾元镇

余不弄街景

乾元镇文史馆

非遗馆内展示着包括缂丝、浙北乾龙灯会、扫蚕花地、德清布艺、金火村剪纸等 11 项非遗民俗的图文和实物。文史馆由原乾元孔庙修缮而成，馆内陈列的书画、照片及实物，讲述着孔庙历史沿革、德清四大望族的名人轶事以及乾元的历史变迁。余不弄的文化场馆除了提供评弹、评书、三跳等传统文化服务，还重点打造了老蔡说事儿、清溪书场、非遗传习等特色文化志愿服务品牌。

和文化气息浓厚的余不弄相比，丁家弄充满了"烟火气"。丁家弄集聚了老德清饮食文化，里弄的民居商铺有大火烧、汤包、鸭馄饨等传统美食，吸引众多游客前来品尝。和丁家弄相邻的是谈家弄，黛瓦青砖，路平巷幽。弄堂一侧是 3D 彩绘墙，墙上的缝纫机、黑白电视机、自行车、收音机，让人仿佛穿越回 20 世纪七八十年代的老城里弄。一条谈家弄，串起了半月泉文学院、瓷之源博物馆、清溪书经院等历史文化场所。

在深入挖掘和提炼古县文化、非遗民俗文化等方面，这座千年古镇值得来此游览。现在的乾元镇已经成为德清县开展研学游的主要场所，不少学校组织学生到乾元镇参加各种各样的文化活动。

研 学 拓 展 知 识

德清窑

　　浙江是中国瓷器的主要发源地，早在商周时期，在以德清窑为中心的东苕溪一带就开始建窑烧瓷，形成了独具风格的原始瓷。德清地区作为当时越国的制瓷中心，规模巨大，依据目前的考古发现和研究成果来说可以称其为"瓷之源"。长期以来文化文物部门及专业人员致力于古窑址的调查发现和保护研究工作，新发现古窑址近百处，这些古窑址的年代上起自商代，经西周、春秋战国、汉六朝，下迄于唐宋，证明古代德清的制瓷业延续达 2000 多年。2007 年德清亭子桥窑址的考古发掘，证实战国时期专门为越国王室和上层贵族烧造高档次生活与丧葬用瓷的"官窑"就在德清。官窑是相对民窑来说的烧制瓷器的作坊，主要是为王室与贵族定制高档次瓷器，其工艺技术代表了当时制瓷最高水平。

海盐张元济图书馆

张元济图书馆

张元济图书馆坐落在海盐县武原街道，是一座具有民族风格、体现江南园林特色的仿古建筑，是当地居民一处安静、舒适、典雅的读书园地。

张元济（1867—1959），字筱斋，号菊生，原籍浙江海盐，是我国著名的出版家、教育家、爱国实业家。张元济先生一生为中国文化出版事业的发展、优秀民族文化遗产的整理和出版做出了卓越的贡献：在他主持商务印书馆时期，商务印书馆从一个印书作坊发展成为中国近代史上最具影响力的出版企业；他组织编写的新式教科书风行全国，在中国近现代教育史上具有开创性的意义；作为我国创建公共图书馆事业的先驱者之一，从

19世纪末到20世纪三四十年代，创建和参与兴办了3个图书馆。

为纪念这位近现代著名的出版家和版本目录学家、商务印书馆创业元老、爱国老人，海盐县政府于1984年筹建张元济图书馆，并于2011年对外免费开放。张元济图书馆作为县级公共图书馆，除了有齐全的公共图书馆功能，馆内还专设商务印书馆版本阅览室和张元济先生纪念室，使读者可以近距离了解出版巨擘张元济先生的生平事迹和商务印书馆发展史，品味海盐深厚的历史文化底蕴。

地址：海盐县武原街道文昌东路6号。

周边研学点：秦山核电科技馆

秦山核电科技馆坐落于海盐县秦山街道的"核电小镇"核心区内，2017年9月开馆。展馆以体验科学、启迪创新为核心设计理念，设置中国核电之路、核电站探秘、核安全与环保、核电站互动、"核谐"家园等13个展厅，向公众普及核能原理、核电站构造、核电安全等核能基础科学知识的同时，又有公众科普基本原理展示体验。馆内有亚洲最大的室内LED球屏，直径近8米，作为科技馆数据展示中枢，展演主题影片效果上佳。并配有多个影院、科普书吧、发布厅、学术报告厅，为公众提供舒适的科普体验环境和交流平台。

为丰富公众参观体验，核电科技馆每年至少围绕一个特定主题开展综合性展览展示，目前已新增"30万机组原主控室盘台""零碳未来城展示中心""同位素应用"等展区，以传递丰富多样的核电科普知识。秦山核电科技馆致力打造最具特色的公众沟通交流平台、核安全文化传播平台、核电发展服务平台，2022 年成功入选《2021—2025 年全国科普教育基地第一批认定名单》。

　　地址：嘉兴市海盐县秦山大道金城路口西。

研 学 拓 展 知 识

核电知识

核电厂是怎样发电的呢？核电厂安全吗？核电厂会泄漏吗？核电厂会爆炸吗？核废物会影响周边的环境吗？为什么要发展核电？带着这些问题，我们来了解一下核电的世界。

火力发电站利用煤和石油发电、水力发电站利用水力发电，而核电站是利用原子核内部蕴藏的能量产生电能的新型发电站。核电站用的燃料是铀。科学家通过研究计算得知，1 千克的铀发生核裂变反应，就能释放出相当于 2700 吨标准煤燃烧所释放出来的能量。核电厂就是一种靠原子核内蕴藏的能量，大规模生产电力的新型发电厂。核电安全的核心在于防止反应堆中的放射性裂变产物泄漏到周围的环境中。为了防止放射性裂变产物的外泄，核电站一般都采取三道屏障，分别是燃料元件包壳、压力边界和安全壳。根据实测结果，生活在核电站周围的人每年接受的剂量当量小于 0.01 毫希，也就是说，由核电站对生活在其周围的人造成的危害只相当于人每天吸 1/5 支烟。所以说，核电是一种清洁、安全的能源。

叔同书院

叔同书院

　　叔同书院是平湖市首个文化名人主题书房，坐落于美丽的东湖之畔。李叔同（弘一法师）是平湖籍文化名人，是中国新文化运动的前驱，中国传统文化与佛教文化相结合的优秀代表，更是"二十文章惊海内"的大师。

　　书院藏书以叔同文化为主题元素，设有叔同文化书籍专柜，陈列纪念馆的文创产品，书房配置自助借阅机、电子图书借阅机等设施，实现与平湖市图书馆总馆、各分馆的通借通还。书房布局合理，设置有两个可容纳

叔同书院一角

50 人的多功能厅，开展图书分享、艺术导赏、文化体验、艺术沙龙等多载体、多形式的文化活动，是广大读者阅读、分享交流的文化打卡地。

周边研学点：李叔同纪念馆、平湖非遗馆

李叔同纪念馆：坐落于平湖市东湖景区的大瀛洲内，七瓣莲花的独特造型体现了李叔同"清水出芙蓉"的宽广胸怀和高洁品格，是东湖风景区的标志性建筑。

李叔同（1880—1942），学名文涛，字叔同，浙江平湖籍，是我国著

七瓣莲花独特造型的建筑为李叔同纪念馆

名音乐家、美术教育家、书法家、戏剧活动家，中国话剧的开拓者之一，中国传统文化与佛教文化相结合的优秀代表，在诗词歌赋音律、金石篆刻书艺、丹青文学戏剧等方面有重要的影响力。后剃度为僧，法名演音，号弘一，南山律宗十一代世祖。

　　为纪念李叔同这位乡贤、文化名人，平湖市人民政府出资建成平湖市李叔同纪念馆。纪念馆陈列室通过对李叔同各个时期的生活照片和历史资料的展陈，从书画篆刻、音乐、戏剧、诗词、教育、佛学成就及社会影响等方面展示李叔同卓越不凡的人生轨迹，展现出李叔同从世俗到佛门的心路历程，供世人瞻仰缅怀和学习研究。

　　地址：浙江省嘉兴市平湖市叔同路 29 号叔同公园内。

平湖非遗馆：原平湖民俗风情馆、非遗展示中心，位于平湖市环城北路东首，东湖风景区西侧，建筑面积 1750 平方米，主体建筑原为平湖富商陆氏住宅，始建于 20 世纪 30 年代，是平湖区域内至今保存较好、规模较大的一座民国时期建筑。展馆设置民之风、民之生、民之俗、民之艺、民之粹 5 个展区，以平湖派琵琶、钹子书、九彩龙、瓜灯、糟蛋制作工艺、杜经布制作技艺等项目为陈列重点，将平湖市各级非遗精品项目做了集中展陈。参观体验平湖非遗馆，游客可以近距离感受平湖民俗文化的深厚底蕴。

　　地址：平湖市当湖街道环城北路 31 弄 1 号。

西瓜灯

西瓜灯是在西瓜外皮上精雕细刻各种花样以供人赏玩的一种特色灯彩。平湖西瓜灯的历史可谓源远流长，至今已有300多年的历史。西瓜灯艺术的发展兴盛和当地种瓜的习俗有密切联系。瓜农种瓜之余刻瓜制灯，自娱自乐，后制灯者越来越多，灯的花样不断翻新，更有文人雅士赋诗赞颂，平湖西瓜灯遂蔚为大观。

独特的雕刻工艺，多姿多彩的艺术形式，丰富多样的表现题材，是平湖西瓜灯的特色。刻制西瓜灯，首先要按照自己的构思和图案设计，挑选合适的西瓜（长圆形或整圆形），然后在西瓜表皮上画好图案，再用专制的刀具雕刻至见白。花纹雕好后，用刀将瓜柄切去一片开顶，小心地挖去瓜瓤，在顶口边吊装上绳子，做成灯笼，内点蜡烛。可手提，也可悬挂。

随着平湖的"瓜事"越来越兴旺，平湖的西瓜灯艺术，已从民间的自娱自乐发展到政府有组织的西瓜灯艺术节，举办的西瓜状元赛（擂台赛）、吃瓜比赛、刻瓜灯比赛、西瓜棋比赛、西瓜菜制作比赛等形式多样的活动，深受游客喜爱。

海宁静安智慧书房

海宁静安智慧书房

　　在海宁西山公园北门附近有个海宁静安智慧书房，又被称为"火车图书馆"。这个高颜值图书馆由一列停在硖石站（今海宁站）的废弃火车改建而成。书房里面还原了民国时期火车的风貌，木制的车厢座椅、多彩的马赛克玻璃灯，并配置了民国时期的相关图书，加入硖石老火车站站点遗址、铁轨、候车站等元素，展示"民国风"的阅读空间，让读者在怀旧场景中享受阅读乐趣。

海宁静安智慧书房

　　刷卡进门，登上"火车"之后，车厢内的空调、座位上方的壁灯立即自动感应，车厢内有免费 Wi-Fi 覆盖，每个座位带有通电插座，方便读者享受阅读的便利。图书馆主要功能区分为两个部分，开放的空间是成人阅读区，位于车厢末尾。还有两个单独的小书屋做了隔断，其中一间是专门给孩子的，里面放了大量绘本。书房设有亲子共读主题包厢，配置了 1000余册儿童读物，里面放置的椅子比较低矮，适合小朋友坐下阅读。

　　海宁静安智慧书房配置 2000 余册图书，另外内设电子书借阅机，可免费下载正版电子书，数字视窗上可以动态获取图书馆各类阅读推广活动。移动数字图书馆，可浏览下载 3000 余册电子书。同时还设有"有声阅读空间"，可听名家讲座，也可以听潮城特色电台，还可以定制寄送有声明信片。结合海宁人文底蕴，智慧书房还定期推出金庸、王国维、徐志摩等主题阅读活动，让读者体验全方位、多角度、沉浸式的阅读。

地址：海宁市公园路 17 号西山公园东北角火车内

周边研学点：南关厢历史街区

南关厢历史街区位于海宁市区硖石东南部，北起大瑶桥，南至塘桥弄，因街上有一座建于明代的关厢而得名。明末抗清义士周宗彝为抗击清兵而

南关厢历史街区

在硖石镇设置4座关厢，南关厢为其中之一，也是目前海宁仅存的关厢。"关厢"一词，意为城门外的大街与附近居民地区。

　　整个街区较好地保留着历史风貌和传统格局，两侧的临街民居、店铺等，基本上还保留着明清期间江南市镇典型的街巷格局和风貌特征。街区历史悠久，名人辈出，南关厢125号为著名红学家吴世昌故居。街区内文物建筑主要有吴世昌故居与红学馆、关帝庙、纱业公所旧址、塘桥遗址、南茶亭旧迹等，传统文化元素有茶文化、酒文化、米市文化、关帝文化、硖石灯彩等，南关厢历史街区在丰富和发扬传统文化中具有不可或缺的历史意义和研究价值。

　　地址：浙江省嘉兴市海宁市人民路158号。

皮影戏《三侠剑》

研 学 拓 展 知 识

海宁皮影戏

皮影戏是一种用兽皮或纸板剪制形象并借灯光照射所剪形象而表演故事的戏曲形式。其流行范围极为广泛，几乎遍及全国各省（区、市），并因各地所演的声腔不同而形成多种多样的皮影戏，如陕西的华县皮影戏，甘肃的环县道情皮影戏，河北的唐山皮影戏，湖北的江汉平原皮影戏，广东的陆丰皮影戏，辽宁的复州皮影戏，等等。皮影戏虽然种类繁多，但区别主要在声腔和剧目方面，至于影人制作和表演技术则大同小异。

海宁皮影戏自南宋传入，在保留北方皮影戏演艺、声腔、造型、舞美等方面的传统样式和表演精华的基础上，结合海宁当地的民间小调、手工技艺和生活习俗，演出时配以笛子、唢呐、二胡等江南丝竹伴奏，节奏明快悠扬，极富水乡韵味，形成具有海宁地方特色的皮影戏表演，是民间婚嫁、寿庆、祈神等场合常演的节目。

皮影戏是我国重要的民间传统艺术，近年来由于受现代影视艺术的冲击，观众和演出市场日益减少，许多皮影戏面临消亡的危险，亟待抢救与保护。

红船·南湖书苑

1:1仿制的红船

红船·南湖书苑位于嘉兴南湖会景园入口西侧南湖初心邮局的二楼。书苑内精心设置了一艘红船模型，内舱按照南湖红船内饰原样仿制，是一处集图书馆阅读推广、地方历史风貌展示、文创产品展示的文旅融合空间。

红船·中心书苑是嘉兴市图书馆专为红色文化宣传开辟的阅读空间，是本地党建读物学用体系的服务中枢。红船·南湖书苑作为红船·中心书苑分馆，集中收藏、展示、借阅红色图书，举办红色主题活动、红色文化阅读推广类活动的场所。书苑内提供上万册图书，其中近一半是党建相关图书。书苑配有阅览桌椅、自助借还设备、无线网络及电脑设备、门禁系统、监控等设施设备。

红船·中心书苑将红色教育与嘉兴地方文化进行融合，既为党员干部学习讨论提供资源和空间，也可作为市民休闲阅读和交流的场所及参观留念打卡之地。

地址：嘉兴市南湖区南溪路1号南湖景名区会景园入口西侧文创店二楼。

南湖书苑一角

周边研学点：南湖景区

　　嘉兴南湖，因地处嘉兴城南而得名，与南京玄武湖和杭州西湖并称江南三大名湖，素来以"轻烟拂渚，微风欲来"的迷人景色著称于世。嘉兴南湖不仅以秀丽的风光享有盛名，而且还因中国共产党第一次全国代表大会在这里胜利闭幕而备受世人瞩目，是中国共产党诞生地，成为我国近代史上重要的革命纪念地。

　　南湖景区内保存着众多名人古迹，湖心岛上有乾隆赞美南湖风光题诗刻字的"御碑亭"、董必武所书"烟雨楼"匾额、宋代苏轼所书"马券"

南湖景区

南湖景区

石刻、南宋岳珂的"洗鹤盆"，揽秀园内有唐代吴道子手绘"出海观音"石刻，梅湾历史街区内设有沈钧儒纪念馆、韩国金九先生避难处等历史遗存，丰富的人文遗迹为景区增添了浓厚的人文气息，成为南湖发展文化旅游的瑰宝。

地址：嘉兴市南湖区南溪西路1号。

研学拓展知识

红船精神

　　红船精神指的是开天辟地、敢为人先的首创精神，坚定理想、百折不挠的奋斗精神，立党为公、忠诚为民的奉献精神。"红船精神"来源于2005年6月21日习近平在《光明日报》上刊发的5000多字的署名文章《弘扬"红船精神"走在时代前列》。学习"红船精神"，追寻革命先辈的足迹，接受党史和革命传统教育，重温中国共产党带领中华儿女近百年艰苦奋斗的历程。研学活动宜结合小学、初中、高中不同年龄段学生的身心特点、接受能力，针对性开发体验性环节，将动漫、3D技术、场景表演等方式创新融入历史事件和革命故事的讲述，让红船精神深深根植于青少年心中，使红色文化焕发生机，以红色文化培根铸魂。

嘉兴市图书馆·王店分馆

嘉兴市图书馆·王店分馆外景

嘉兴王店镇，始建于五代后晋天福年间，至今已有1000多年历史，古称梅里。王店是清代词人、学者朱彝尊的故里，朱彝尊开创浙西词派，与纳兰容若、陈维崧并称"清词三大家"。

王店镇境内的长水塘，是横贯全镇南北的一条主干河流，也是大运河嘉兴段的重要支流。长水塘畔东岸，矗立着一幢幢"头戴草帽"的圆筒形建筑，造型可爱，是建造于20世纪50年代的仿苏联制式（下文简称"苏

嘉兴市图书馆·王店分馆一角

式"）粮仓，如今已被列入第八批全国重点文物保护单位。嘉兴市图书馆·王店分馆，毗邻于王店粮仓群，于 2019 年开馆，是市民争相打卡、怀旧之处。

王店分馆是由王店苏式圆筒粮仓群周边的废旧房屋改建而成，藏书30000 余册，设有成人外借区、少儿外借区、盲文电子阅览区、报刊阅览区、少儿绘本区、电子阅览区、移动阅读体验区以及共享工程播放室等多个服务区域。此外，还提供成人图书借阅、少儿图书借阅、各类少儿活动、亲子活动、报刊阅览、电子阅览、共享工程播放、移动阅读体验等服务。王店分馆不仅深受当地人喜爱，还吸引了许多慕名而来的游客，每月接待读者上万人次，成为当地的网红图书馆。

地址：嘉兴市秀洲区兴乐路与花园路交会处附近北。

周边研学点：王店粮仓群

嘉兴是全国著名的粮食产区，过去漕粮运输依靠水运，因此嘉兴地区在大运河畔建了不少粮仓。其中王店粮仓群位于大运河嘉兴段的重要支流长水塘畔，是王店周边地区粮食集中储存和运输中转的重要设施。

王店粮仓群，共有 14 个圆筒形砖混结构建筑，自西向东三排平行或错位等距离排列，整座粮仓占地少，容量大，设计十分合理，建造质量很高。据资料记载，这些粮仓始建于 1950 年，是中国与苏联签订了《中苏友好同盟互助条约》后，苏联派出专家对中国进行援助的一个典范。

王店粮仓群

随着国家粮油购销体制的改革，粮油的经营管理体制和经营方式也随之发生改变，大型粮仓也完成它的历史使命，渐而成为历史发展进步的实物见证者。王店粮仓群因建筑形制特殊，规模颇大，且是在新中国成立初期仿当时的苏式圆筒形粮仓而建，在全国同类建筑中较为罕见，具有很高的历史、科学价值。本着"存其形、留其韵、彰其神"的理念，王店镇对整个粮仓群进行了系统的规划、整改、开发，王店粮仓群区域已成为王店镇全新的文化地标。

地址：嘉兴市秀洲区王店镇四喜社区塘东街13号长水塘东岸。

研 学 拓 展 知 识

古粮仓

"仓廪实而知礼节，衣食足而知荣辱。"仓廪，指储放粮食的仓库。我国是一个农业大国，粮食的生产及储存具有悠久的历史。据考证，中国原始农业启蒙于旧石器时代晚期，发展于新石器时代（距今约1万年）。而粮食的储藏是农业栽培的继续，储藏技术是伴随着农业的发展而发展的，随着原始农业的发展，农业生产形成了一定的规模，粮食出现了剩余，粮仓是粮食储藏设施的重要组成部分。中国民间有一个与粮仓有关的节日，称填仓节，又称添仓节，为每年的正月二十五，据说是仓神的生日。

曾经遍布中华大地的古代粮仓大多已湮没于历史的云烟之中，但有些粮仓的旧址，至今依然存在。古粮仓承载着中华民族悠久的农耕文明和底蕴深厚的历史文化遗产，需要人们一代代保护和传承下去。

浙东区域（宁波、舟山）

研学阅读之旅

天一阁博物院

天一阁博物院入口处

天一阁博物院是以天一阁藏书楼为核心、藏书文化为特色的专题性博物馆。天一阁以其悠久精深的藏书文化、宛如天工的园林艺术、古朴典雅的古建风格及便捷优越的地理位置，每年吸引着来自世界各地的游客前来研学观光。现在的天一阁群楼，是原天一阁藏书楼与周遭陈氏、闻氏、秦氏院落的综合体。整个景区亭台楼阁错落有致，假山池塘相映成趣，茂林修竹葱葱郁郁，细细品味，自有一番江南独有的雅致味道。

天一阁是我国现存历史最悠久的私家藏书楼，也是世界上最古老的三大家族图书馆之一。天一阁建于明嘉靖四十至四十五年（1561—1566）间，原为明兵部右侍郎范钦的藏书处。现藏各类古籍近 30 万卷，其中珍椠善本 8 万余卷。天一阁依托其特色馆藏定期举办国学、书画碑帖、服饰礼仪等一系列中国传统文化的讲座和体验式活动。天一阁书院·国学堂、悦读会、传家宝、我们的节日等活动在天一阁官方网站、微信公众号等新媒体平台上均有预告。

地址：浙江省宁波市海曙区天一街 10 号。

周边研学点：月湖景区

宋元以来，月湖是浙东学术中心，是文人墨客憩息荟萃之地。唐代大诗人贺知章、北宋名臣王安石、南宋宰相史浩、宋代学者杨简、明末清初

银台第官宅博物馆

高丽使馆遗址

大史学家万斯同，或隐居，或讲学，或为官，或著书，在月湖留下不可磨灭的印记。

　　景区内有服装博物馆、高丽使馆遗址、佛教居士林、银台第官宅博物馆、贺秘监祠等众多历史遗迹。服装博物馆是一个以展示中国服装服饰文化为主题的大型服装博物馆，是宁波红帮裁缝近2个世纪以来成长和发展的轨迹展览地。高丽使馆遗址位于月湖东岸宝奎巷一带，是中国与高丽友好往来的历史见证，也是"海上丝绸之路"与外埠政治、商贸往来的重要文化遗存。位于月湖之北的银台第是清道光通政司副使童槐之家宅，是一处了解中国古代官宅建筑艺术、清代家具艺术的重要历史场所。

藏书楼

　　藏书楼，是中国古代供收藏和阅览图书用的建筑。中国最早的藏书建筑始现于宫廷，如汉朝的天禄阁、石渠阁。宋朝以后，随着造纸术的普及和印本书的推广，民间也开始建造藏书楼。藏书楼有官府藏书楼、私家藏书楼、寺观藏书楼和书院藏书楼之分，这些收藏图书的地方大多不向公众开放。皇家藏书楼最著名的是清代珍藏《四库全书》的七大阁，俗称"北四阁南三阁"，阁名以"文"字开头，皆含带水字旁的字。岁月流逝，古代的藏书楼大多已难觅踪迹，江南三阁中唯一幸存的一阁是位于杭州西湖孤山南麓的文澜阁，而宁波天一阁则是现存最早的一座私家藏书楼。

象山城市书房·绘本主题馆

象山城市书房·绘本主题馆进门区域

象山城市书房·绘本主题馆位于宁波象山县新华路303号，馆藏面积200余平方米，以0—6岁幼儿阶段小读者为主要对象，是象山县图书馆着眼于儿童阅读的特殊需求，与丹东街道共同创建的象山县首家纯公益绘本馆。

绘本主题馆室内布置温馨活泼，配以幼儿喜爱的卡通书架、糖果色的桌椅、空调、Wi-Fi等常规设备。除了阅读区，绘本主题馆还为小读者开辟了教室、游戏区等，契合幼儿的审美和生理发展特点，为小读者们提供

象山城市书房·绘本主题馆一角

了一个舒适的阅读环境。

主题馆收藏绘本3000余册，涵盖情感教育、安全教育、趣味认知、图画故事等图书。读者凭象山县图书馆借阅证或身份证，即可刷卡进入，根据提示快速便捷地通过自助借阅、还书等功能，享受阅读乐趣。主题馆推出的"暖·象"绘本故事团分为线上课堂和线下课堂，线下课堂每月开展1期，线上课堂平均每月开展8期，深受小朋友及家长们的喜爱。

周边研学点：象山县博物馆

　　象山县博物馆位于县文化活动中心一楼，建筑面积 2900 平方米，是集收藏展示、社会教育、科学研究、游览休闲于一体的综合博物馆。"渔海之乡"象山历史文化陈列展厅是象山县博物馆的常设展厅，从徐福东渡

象山县博物馆入口处

传说开始，以"海之疆""海之民""海之歌"三大展厅为主线，勾勒出"渔海象山"的地理、自然环境和历史沿革画卷，以距今 6000 多年前塔山遗址为代表的新石器文化、围垦文化、盐文化和明清海防文化，充分展示了象山人以农耕为基础、海洋为特色，勤劳围海拓殖、煮海晒盐的渔海生活

风貌和地域特色文化，彰显了象山深厚的历史文化底蕴。

制作海盐陈列场景

研学拓展知识

塔山文化

　　象山历史悠久，据塔山文化遗址出土文物考证，距今 6000 多年前的新石器时代，就有先民于此生息繁衍。塔山人为蒙古人种的一支，生活在象山半岛。塔山遗址位于象山县丹城塔山东南麓，遗址的存在表明人类在象山活动的历史可以追溯到 6000 年前的新石器时代。塔山遗址文化层时间跨度 3000 余年，早期属于新石器时代，晚期属于商周文化。新石器时代文化分为 3 个文化层：下层文化中的数十座墓葬，其形制和人骨架显示的葬式，以及陶器、石器、玉器等随葬品组合，反映此时的塔山文化为河姆渡文化与马家浜文化在这里相遇而不完全相融的状态，文化面貌正好填补河姆渡二、三期间的空缺；中层类似于崧泽文化；上层则相当于良渚文化。在 3000 年左右的春秋战国文化层，发现两枚青铜鱼钩，跟现代的鱼钩造型模样一致，它是象山海洋渔文化最早的一个见证。塔山文化遗址对江南地区史前文化乃至中国历史都有重大意义，2013 年被国务院公布为国家重点文物保护单位。

定海"小小图书馆"

"小小图书馆"旧址[1]

定海"小小图书馆"创立于 1937 年 10 月，馆名含义为虽不起眼，星星之火可以燎原。当时中共定海县工委把宣传队和"小小图书馆"作为外围组织，派员指导工作。为了便于开展合法斗争，"小小图书馆"在县政府登记备案。3 个月后，图书馆迁往城隍庙前 2 号张宅。在传阅进步书籍，

---

[1] 图片来源：《红色文物故事 ｜ "小小图书馆"点燃抗日救亡燎原之火》，https://www.zjds.org.cn/hswwgs1/37722.jhtml，2023-02-01。

开办读书会、识字班等一系列活动中，图书馆成为唤醒民众、团结抗日力量的重要纽带[1]。"小小图书馆"是定海抗战革命的摇篮。位于城隍庙前2号的遗址目前尚存，旁边还有一块石碑，上面写着"小小图书馆旧址"几个字。

2001年6月，"小小图书馆"被列为舟山市文物保护点。在舟山市图书馆四楼地方文献部的"东海小小图书馆"展厅再现了"小小图书馆"的原貌，模仿定海县前街建筑搭建屋檐，挑选郭沫若为"小小图书馆"的题字制匾。以书为媒介，昔日的烽火岁月以及革命志士炽热的爱国情怀和抗日斗志得以再现。

地址：舟山定海县前街13号。

周边研学点：舟山鸦片战争遗址公园

鸦片战争遗址公园，原名竹山公园。公园所在的定海竹山，就是鸦片战争时的古战场遗址，目前是一处全国爱国主义教育示范基地，见证着中国近代史的沧桑与悲壮。遗址公园占地10万多平方米，园

舟山鸦片战争遗址公园入口

[1] 虞仁珂、庄列毅、徐祝君：《看红色火种如何燎原千岛大地——舟山市党史（革命史）中的红色印迹③》，https://zjnews.zjol.com.cn/dsxx/xkt/dsgs/202104/t20210409_22365712.shtml，2023-02-01。

舟山鸦片战争纪念馆[1]

内建有舟山鸦片战争纪念馆、"三总兵"纪念广场、百将题碑、傲骨亭、三忠祠和抗英阵亡将士古墓群。

　　舟山鸦片战争纪念馆是舟山鸦片战争遗址公园的主体建筑，以1840年和1841年定海军民两次抗英保卫战为历史文化主线，展现了鸦片战争定海保卫战中定海军民宁死不屈、保卫家园的斗争精神。纪念馆除了展示与鸦片战争相关的古籍文物外，还着重对场景搭建、文物展示、多媒体影视3方面进行打造，运用声、光、电等科技手段和沉浸式剧场等模式，重现"鸦片战争首战在定海"等历史情景，展现两次定海保卫战的悲壮历史。

---

　　[1]　图片来源：《舟山鸦片战争纪念馆一行赴龙华烈士纪念馆参观交流》，https://www.sohu.com/a/361467809_769680，2023-02-01。

研 学 拓 展 知 识

定海古城

　　定海古城是一座历史悠久、古迹众多的千年古城，也是中国唯一的海岛文化名城。定海古城始建于唐开元年间，现仍保存着以明清建筑为主的传统民居和深宅大院组成的历史街区，历史人文资源丰富。古城内保存有明清时期的中大街、西大街、东大街、柴水弄、留方路等历史街区。城内现存古迹众多，如有"海岛河姆渡"文化之称的白泉十字路、马岙唐家墩新石器时代古文化遗址、祖印寺、御书楼、鸦片战争古战场遗址，以及舟山宫井、都神殿、八甲街等古建筑群。

宁海前童书驿

前童书驿

　　前童书驿，宁海县图书馆前童分馆，坐落于前童古镇天水路，与前童古镇游客服务中心相邻，是一家面向公众开放的公共文化阅读空间。置身于此，既能在宁静中享受文字的世界，又能感受江南古镇的气息。

　　前童书驿馆藏 2 万余册，涵盖少儿读物、历史古籍、地方文献等书籍，可满足不同年龄段市民的阅读需求。图书馆一楼的阅读区分为室内阅读区和室外阅读区，读者可以随意挑选自己喜欢的区域阅读。二楼的空间除了有传统的藏书室、图书阅览室和电子阅览室之外，还分设了少儿阅览区和成人阅览区，非常适合带孩子来这里选一本绘本阅读，享受亲子时光。馆内还会不定期举办手工培训、文化雅集、文创产品展示等各种活动。市民、游客只需办理一张借阅证就可以免费借阅。

周边研学点：前童古镇

前童古镇，位于宁海县城西南方向 14 公里处，是浙东地区保存至今最具儒家文化古韵的一座古镇。自南宋绍定六年（1233），童氏始祖迁移至此定居以来，古镇已有近 800 年的悠久历史，被誉为古村落的活化石。这

前童古镇

里至今保留有完好的1300多间各式的明清古民居建筑群，粉墙黛瓦，气势恢宏。电影《理发师》摄制组就曾看中前童古镇的古色古香，在此取景拍摄。

前童古镇里有一座省级民俗博物馆，博物馆建于1998年，是一个三合院中式古典建筑，由当地百姓自筹资金建造。博物馆现有1000余件藏品，馆内陈列的藏品如五匠工具、厨房用具、祭器、嫁妆、服装及农用耕具等，体现了独具宁海特色的民俗文化。

浙中区域（绍兴、金华）

研学阅读之旅

阳明书舍

阳明书舍

　　阳明书舍是浙江省首个以阳明文化为主题的公益书吧，由绍兴图书馆与稽山王阳明研究院合作共建，于 2020 年 10 月开馆。明代大儒王阳明先生当年在绍兴宛委山阳明洞天修炼时，"新构小精庐"，"闭门抄古书"，那时的"小精庐"便被人称为"阳明书舍"。现在的阳明书舍，已是绍兴公共文化服务中的一块阅读阵地。读者可凭市、区图书馆读者证或二维码电子凭证扫描进入阴阳书舍，馆内所有图书免费供读者阅读。

阳明书舍一角

阳明书舍占地面积 160 余平方米，内部设计融入绍兴古城元素，青砖砌成的圆拱门，黛瓦飞檐装饰其中。书舍内部布局精致，书架上陈列着阳明文化的相关图书以及其他文史哲类书籍，并配备教学视频及课桌，以方便读者学习交流。绍兴是王阳明先生的故乡，是阳明心学的发端地、成熟地和传播地。阳明书舍便是传播、研习阳明学的新窗口，举办阳明文化研学游、一书一品、阅读沙龙、文化讲座等活动，更好地为市民和游客打造了一个文旅研学打卡地。

地址：绍兴市越城区塔山街道人民西路 300 号。

周边研学点：绍兴博物馆、仓桥直街、越王台和文种墓

绍兴博物馆：馆舍为江南园林式布局，环境幽雅，小而精致。馆内收藏的文物，主要有新石器时代的石钺，商周至春秋战国时期的印纹陶、原始瓷、越王剑，汉代至唐代的越窑青釉瓷、会稽铜镜，等等。其中明清时期的书画作品最具特色。博物馆的基本陈列"越地春秋——绍兴历史陈列"，以绍兴历史文化地理为内容，以绍兴历史发展为时间脉络，分"先越、越国、会稽郡、越州、绍兴府、近代绍兴"6个部分，展示了绍兴从旧石器时代到新中国成立的历史文化发展。在这里只需花上1—2小时便可快速了解吴越文化及绍兴的历史沿革。

地址：绍兴市越城区人民西路偏门直街75号。

绍兴博物馆

仓桥直街：位于越王城历史街区，府山东侧。古话说"东西街，南北路"，南北向是大道，叫路；东西向为小道，叫街。如果碰上南北向的小道，为了区别普通的街，就以"直街"称之。仓桥直街正是以南北向小道为主而得名的。仓桥直街获得过"联合国亚太地区遗产保护奖"，被称为"中国遗产活生生的展示地"。

老街主要由河道、民居、石板道路3部分组成。老街中环山河是越王城的重要历史遗迹，位于老街的中心线，北起胜利西路，南达鲁迅西路，全长2.2公里。自北而南，依次架有仓桥、龙门桥、宝珠桥、府桥、石门桥、酒务桥、西观桥、凰仪桥等传统古老石板桥，平添了几分江南水乡的

仓桥直街的河道

意趣。河道两旁以水乡民居为主，大多建于清末民初。其中有各式台门43个，集中反映了绍兴的传统建筑特色与民情风俗。为了让游客尽可能多地了解绍兴风情民俗，街道两旁开设了越艺馆、黄酒馆、戏剧馆与书画馆等多种特色门店商馆。

越王台和文种墓： 位于绍兴府山公园内，游览此地可让游客们穿越时空回眸古越历史文化。府山位于绍兴城西，是绍兴的一座文化名山。内有唐、宋、明等各时期的众多摩崖石刻，许多石刻至今依稀可辨。春秋时此地为越国王城，因越大夫文种死后葬于此山，故又名种山，后因旧绍兴府署衙门设在此山东麓，改称府山。山上古迹众多，现存越王台、南宋古柏、越王殿、烈士墓、文种墓等文物景点10余处。越王台系后人为缅怀越王勾践卧薪尝胆复国雪耻之事而建，1939年日军军用飞机轰炸绍兴，越王台被炸毁。1980年根据南宋越王台遗址重建越王台城楼。

研 学 拓 展 知 识

阳明故里——绍兴

明宪宗成化八年（1472），王阳明出生于余姚县一个书香门第的官宦世家。王阳明自小立志做圣贤，自称阳明子，世称"阳明先生"，是我国明代哲学家、思想家、文学家和军事家。他不但精通儒、佛、道家的思想学术，而且在军事上的作战韬略和领导才能也影响深远。绍兴作为阳明先生出生之府、成长之地、归宿之所，是他生活时间最长、遗存遗迹最多的地方，也是阳明心学的发端地、成熟地和传播地。近年来绍兴市政府对阳明遗迹遗存进行了保护、修缮和开发建设，对阳明故居、阳明洞天、阳明墓园、稽山书院等重点遗迹进行修缮和重建，并开展了阳明文化展览、阳明文化研学、阳明文化讲堂，以及阳明越剧、话剧等多种普及性活动。这里已初步形成了集拜谒、瞻仰、学习、研究、交流、体悟、实践于一体的阳明心学圣地图景。

大先生书房

大先生书房入口[1]

　　大先生书房即绍兴图书馆文学主题分馆，位于鲁迅故里景区内，是绍兴古城首处以文学为主题的特色文化院落。该书房由绍兴图书馆、绍兴鲁迅纪念馆联合建设。作为绍兴图书馆文学主题分馆，书房里陈列有千余册纸质文献及电子读物，供读者免费借阅。书房在提供借阅服务之外，不定期推出系列阅读推广活动，如"我们永远的大先生"主题读书会、"领读

---

　　[1]　图片来源：《"网络人气奖"投票开启，快来给大先生书房打call！》，"绍兴图书馆"微信公众号。

浙江·寻路初心——我们永远的大先生"主题阅读活动等，读者可以通过绍兴图书馆的微信、微博及官方网站了解并报名参加。

大先生书房一角[1]

在书房内部设计上，通过结合鲁迅先生的经历、创作、思想来突显文化性。书架配有《朝花夕拾》《彷徨》《艺术论》《奔流》4幅画作，来源于鲁迅创作、翻译图书的封面。在墙体设计上，《从百草园到三味书屋》手稿的展示墙、鲁迅先生《自题小像》墙和人民文学出版社《鲁迅全集》作品展示墙，让读者直观地了解鲁迅先生，唤起曾经的鲁迅作品阅读体会，同时感受鲁迅生长地的浓厚文化传统。

地址：绍兴市越城区中兴南路鲁迅故里景区游客中心隔壁。

---

[1] 图片来源：《"网络人气奖"投票开启，快来给大先生书房打 call！》，"绍兴图书馆"微信公众号。

周边研学点：鲁迅故里景区

鲁迅故里景区是国家 5A 级旅游景区，占地 500000 平方米，是绍兴市区保存最完好、最具文化内涵和水城经典风貌的历史街区。漫步在鲁迅中路这条古街上，只见一条窄窄的青石板路，两边是一溜粉墙黛瓦的竹丝台门。三味书屋、百草园、鲁迅故居、鲁迅祖居及长庆寺、土谷祠、静修庵、恒济当铺、咸亨酒店等鲁迅笔下遗迹穿插其间。寿家台门、朱家台门（鲁迅笔下风情园）、何家台门等一批老台门古韵犹存。

近年来，鲁迅故里景区因地制宜开设了"鲁迅作品展示课""历史文化体验课""三味早读情景课"等研学课程。在"鲁迅作品展示课"上，

鲁迅故里景区入口处

到百草园寻找文中提到的皂荚树、何首乌；在"历史文化体验课"中，前往鲁迅笔下的风情园，感受绍兴非遗文化"水乡社戏"，自己动手制作乌篷船手工模型；在"三味早读情景课"的课堂上，读《三字经》、学对课、习大字、影描绣像、拓"早"字、做书签、猜风物，重温鲁迅儿时的求学场景。鲁迅故里景区成为一个解读鲁迅作品、品味鲁迅笔下风物、立体感受鲁迅当年生活情境的真实场所。

大先生

在中国文化的语境中，"先生"二字是一种尊称，是对父兄长者和教师的称呼。"大先生"更是对有德业者的尊称，唯有人格、品德、学业皆能为人表率者方可称大先生。"大先生"和大学者有区别。大学者指的是那些学问之大、学问之深、学问之高的人；而"大先生"不只是有大学问，还必须德高望重。[1]

鲁迅被大众尊称为大先生，足可见鲁迅先生的人品、学识、业绩之大。鲁迅是新文化运动的领袖，中国现代文学的奠基人。他开创了中国白话小说的先河，颠覆了古典小说的内容和题材，开启了新的文学模式，起到了思想启蒙、抨击旧文化、解放思想的作用，在文艺、学术、精神、政治等许多方面都产生了巨大影响[2]。"鲁迅"，不仅仅只是一个名字，它已成为一种精神，一种广义的文化符号的象征。

---

[1] 资料来源：《李明新：走向"大先生"的三种立业方式》，"谷哥说英语"微信公众号。

[2] 资料来源：《"我们永远的大先生"主题读书会在鲁迅故里举行》，https://www.chnlib.com/News/2021-06/1318082.html；2023-06-26。

古越藏书楼

古越藏书楼

　　古越藏书楼，紧邻大通学堂。蔡元培年轻时曾在此处教书。藏书楼的创办人徐树兰是位赋闲的兵部郎中，他在西方文化的启迪和维新改良主义的影响下，参照东西方各国图书馆章程，以存古和开新为宗旨，捐献私人藏书 7 万余卷，于 1900 年购地一亩六分，耗银 32960 两建造此楼。藏书楼于 1903 年建成，1904 年正式向社会各阶层人士开放。古越藏书楼在管理方法上除继承旧式藏书楼的传统外，又吸收国外现代公共图书馆的管理经验，设立完备的管理制度和完善的读者服务体系，还创新了图书编目。

古越藏书楼被公认为中国最早的近代公共图书馆。1932 年，古越藏书楼转为公办，绍兴县政府奉国民政府教育部之名，重新整理藏书，并将古越藏书楼改组为绍兴县立图书馆。1958 年绍兴县、市合并，古越藏书楼改名绍兴县鲁迅图书馆。今日的绍兴图书馆（绍兴市鲁迅图书馆），即由古越藏书楼发展而来。

当年的古越藏书楼有四进院落，现存的古越藏书楼只是当年的一个两层门楼。一楼目前是藏书楼历史的展览厅，二楼是面向周边居民免费开放的期刊阅览室。

地址：绍兴市胜利西路 503 号。

周边研学点：西小路历史街区、范文澜故居、大通师范学堂

西小路历史街区：提起绍兴的古街，让人津津乐道的有鲁迅故里、书圣故里、仓桥直街和八字桥直街，但有一条街区，大家不是很熟悉，却保存得最好、最原汁原味，它就是西小路历史街区。西小路历史街区南起鲤鱼桥接环山河，北至北海桥与上大路河汇合。纵贯南北的西小河是西小路的核心，河街并行的格局是该街区的主要风貌。街区内古迹众多：谢公桥，始建于后晋（936—947），是绍兴市文物保护单位；距谢公桥不远处的吕府，是明朝礼部

西小路历史街区入口处

西小路历史街区

尚书吕本的府邸；另有王衙池明代民居、王阳明故居等。

范文澜故居： 世称锦麟桥范家台门，位于绍兴市区府山北麓，与大通学堂隔环山河相望的绍兴饭店内，是史学大师范文澜诞生地和童年、少年时代生活处。故居系清代建筑，原为三进三开间平房。故居内老物件已很少，主要以图表、文字和实物形式构成了范文澜史迹陈设。清光绪十九年（1893），范文澜先生出生在绍兴府锦麟桥范家台门，锦麟桥范氏系北宋名相范仲淹后裔，范氏衣钵家风，素称"清白世家"。范文澜先生一生著述丰富，学术代表作为《中国通史简编》，是第一部运用马克思主义观点系统地叙述中国通史的著作。诺贝尔文学奖获得者莫言曾说过，对他影响

范文澜故居

最大的一本书不是文学作品，而是范文澜的《中国通史简编》。

大通师范学堂：也称大通学堂，位于绍兴市区胜利西路563号，是一处坐北朝南、青瓦黑墙的清代平房建筑群。辛亥革命时期光复会领袖陶成章、徐锡麟等人为培养训练革命武装起义军事干部，于1905年创办了这所学校。学校课程设置主要为兵式体操和器械体操，学生多为来自诸暨、东阳、永康、缙云等地的光复会骨干，因而大通师范学堂成为当时光复会在浙江的活动中心。1907年，徐锡麟和秋瑾领导了著名的浙皖起义，刺杀了安徽巡抚恩铭，并带领学生军起义，由于双方实力悬殊，最终徐锡麟被

大通师范学堂正门

捕。1911年辛亥革命胜利后，为纪念徐锡麟烈士，在原校礼堂后设徐公祠，祠内壁上嵌有蔡元培撰书的徐烈士祠堂碑记。

从藏书楼到图书馆

人类之所以能够创造灿烂的文明，很大程度上是因为知识的积累。图书馆正是搜集、整理、收藏书籍资料、典籍图册以供人阅览、学习的机构。从汉字诞生到藏书楼的大规模出现，再到近现代图书馆的崛起和蓬勃发展，华夏文明经 5000 年风雨延绵至今。在 19 世纪末"图书馆"一词从日本传到中国之前，我国的"图书馆"曾经历过漫长的发展变迁。周代的"盟府"被视作我国图书馆的雏形，随后两汉的石渠阁、东观和兰台，隋朝的观文殿，宋朝的崇文院，明代的澹生堂，清朝的四库全书七阁成为我国古代图书馆极具代表性的存在。

1902 年，徐树兰建立古越藏书楼，标志着我国古代藏书楼向公共图书馆的过渡。随后全国掀起了建设公共图书馆的热潮。我国较早以"图书馆"命名的省级公共图书馆是 1904 年由湖南、湖北两省分别创办的图书馆。中国近代图书馆的诞生，把几千年来封闭状态的藏书楼，拓展为一个较为广阔的文化空间，同时也将图书馆作为面向公众的文献服务机构，使图书文献资料成为人民的共同财富。

绍兴图书馆历史文献馆

绍兴图书馆历史文献馆正门

绍兴图书馆历史文献馆，是在绍兴图书馆旧馆舍的基础上改建而成，2015年底对外开放。这座历史文献馆，下设绍兴市古籍保护中心和绍兴市地方文献保护中心，是绍兴历史文脉传承空间，也是绍兴文史爱好者的精神家园。馆内设有地方文献室、乡贤捐赠区、古籍查阅室、新版古籍查阅室、参考文献室等阅览室供读者查阅，设置阅览座席近200个。

历史文献馆藏品丰富，古籍保护中心藏品以绍兴图书馆馆藏古籍、民

历史文献馆一角

国文献为主，另有地方文献保护中心藏有年鉴、方志、文史资料、绍兴人著述、绍兴当地报纸期刊等多种地方文献。除鲁迅研究、戏曲、名士、非遗等多个文献专题以外，还专门开辟了乡贤捐赠区。图书馆在提供普通借阅服务之外，定期举办各种展览与讲座，如历史文献馆一楼音像资料室的"银屏时光"红色题材电影、越剧等展映活动，三楼古籍修复活动室的"小小修复师"之古籍文献修复拓展课等都极适合中小学生来此研学打卡。

地址：绍兴市延安路565号。

周边研学点：沈园

　　沈园位于绍兴市越城区鲁迅中路318号，鲁迅故里东侧，绍兴图书馆历史文献馆的西侧不远处。沈园，又名"沈氏园"，是绍兴历代众多古典园林中唯一保存至今的宋式园林。它是南宋时一位沈姓富商的私家花园，至今已有800多年的历史，初成时规模很大，占地约4.67万平方米。现在的沈园并不大，主要由古迹区、东苑和南苑（陆游纪念馆和连理园）3部分组成，基本都是1985年以后陆续修建的。沈园的园景以陆游诗词为解读基点，比如陆游曾以"孤鹤归飞"自喻，所以这里便建了"孤鹤轩"，

沈园一角

刻有《钗头凤》的照壁

又因为其写过"三更冷翠沾衣湿"的诗句而修了"冷翠亭",等等。沈园之所以名声在外,与陆游曾在此留下著名诗篇有关——"红酥手,黄藤酒。满城春色宫墙柳,东风恶,欢情薄,一怀愁绪,几年离索。错,错,错!春如旧,人空瘦。泪痕红浥鲛绡透。桃花落,闲池阁。山盟虽在,锦书难托。莫,莫,莫!"因此来沈园一定要看的是一堵用宋朝旧砖新砌成的照壁,壁上面刻写了这首陆游回忆唐婉的《钗头凤》。

宋式园林

宋代园林艺术的特点是效法自然而又高于自然。寓情于景，情景交融，极富诗情画意，形成人们所说的写意山水园。造园时非常注重利用原有的自然美景，逢石留景，见树当荫，依山就势，按坡筑庭。在北宋初年李格非所作《洛阳名园记》中，对北宋私家园林的总体布局以及山池、花木、建筑所构成的园林景观描写得具体而翔实。北宋另一部影响力巨大的园林著作，是李诫组织编撰的《营造法式》，这部记录中国古代建筑营造规范的书，是中国古代最完整的建筑技术书籍，标志着中国古代建筑已经发展到了极高阶段，对我国建筑事业的发展产生了重要作用。直到今天，它仍有极高的参考价值。

浣江书房—金石学馆

浣江书房—金石学馆

浣江书房—金石学馆位于诸暨五泄江文化生态公园内，于2021年底正式对外开放，与华夏金石学馆主楼相辅相成，是一家将诸暨区域人文特色和传统金石文化元素相结合的城市书房。书房秉承"传承和弘扬传统金石文化"的宗旨，开展金石书画专题讲座、展览、文创制作等活动，是一处典藏、讲学、教育和公众阅览等多功能场所。

书房面积约1000平方米，分为上、下两层，馆藏可供外借图书20000

余册，涵盖成人和少儿各个领域。金石主题是此书房最大的特色，二楼金石专题库藏有 13000 余册金石书画类图书，包括青铜器、篆刻、碑版、砖铭、书法、绘画等内容，其中不乏一些绝版书及不常见的大型金石类书目，为研究传统金石学提供了重要资料，可供读者免费查阅。

地址：诸暨市陶朱街道丰泽路 2 号。

周边研学点：诸暨华夏金石学馆

华夏金石学馆是诸暨首家金石主题博物馆，位于诸暨城西五泄江文化生态公园，建筑面积 6000 余平方米，由主楼金石学馆和副楼图书馆组成。馆内设有金文"青铜幻金"、砖瓦"泥石八重"及碑版"秦汉魏唐"三个专题展厅，藏品以诸暨乡贤捐赠的书画、金石拓片、古砖、瓦当、书籍为主。馆藏的拓片包括金文、碑版、摩崖、砖铭、瓦当画像石、画像砖、造像记等展品，年代最早的可追溯至东周时期。

华夏金石学馆将自然环境和本地人文有机融合，致力于弘扬优秀传统文化。华夏金石学馆组织"传拓"专题等系列研学活动，带领孩子们了解、体验古人的传拓技艺，在实践中学习传拓方法。拓印是我国一项古老的传统技艺，是使用宣纸和墨汁，将碑文、器皿上的文字或图案，清晰地拷贝出来的一种技能。由于此法主要应用于金石器物上，如拓印碑刻、墓志、甲骨文字、陶器文字、青铜铭文、玉器花纹、瓦当图案、画像石、铜镜、货币、铜器器型等，所以也称金石传拓技法。传拓技法的"拓"是个多音字，在不同的语言环境里读音不同。在"传拓"中"拓"字读 tà。

研学拓展知识

金石学

金石学是中国考古学的前身。金石学的"金"，主要是指青铜器及其铭文，"石"主要是指石刻文字。它是以古代青铜器和石刻碑碣为主要研究对象的一门学科，偏重著录和考证文字资料，以达到证经补史的目的，特别是其上的文字铭刻及拓片，广义上还包括竹简、甲骨、玉器、砖瓦、封泥、兵符、明器等一般文物。金石学形成于北宋时期，欧阳修是金石学的开创者，其学生曾巩在《金石录》中最早提出"金石"一词。清代王鸣盛等人，正式提出"金石之学"这一名称。中国传统金石学研究的对象——青铜器（及其他古器物）、金文与古代石刻，负载着中国古代文明的大量信息，是无比珍贵的文化遗产，有关的学问具有重要文化价值与传承意义。

咚咚儿童银行主题馆

咚咚儿童银行主题馆

　　咚咚儿童银行主题馆位于义乌市总部经济园，是由义乌农商银行发起，与义乌市妇联、义乌图书馆共同建设的一家主题图书馆，于 2020 年 6 月对外开放。该馆是浙江省内首家融合儿童财商教育的特色少儿图书主题馆，也是一家面向家长和孩子开放的体验式银行。馆内藏书以少儿图书为主，免费借阅，全市公共图书馆通借通还。

　　主题馆通过开设寓教于乐的财商课程、沉浸式 VR 体验、多样化的活动，让孩子在享受趣味时光的同时，养成良好的消费和储蓄习惯。开设儿童财商培养基地、安全教育体验基地、玩具乐园三大主题区块，将为儿童带来丰富多彩的学习体验。主题馆还拥有开发孩子动手、交流、逻辑和创造能力的益智类玩具，能让孩子在游戏中认知世界。

地址：义乌市贝村路和新科路交叉口总部经济园 A2 栋 1 楼农商银行稠江支行。

周边研学点：义乌儿童公园

义乌儿童公园位于距离咚咚儿童银行主题馆 2.5 公里的乌江之畔，公园沿江而建，设置了欢乐水岸形象区、自然科普观赏区、金色阳光休闲区、成长时光乐活区、幸福童年体验区、森林探秘活动区及绿色氧吧休闲区，

义乌儿童公园一角

七大区域根据不同的场景、不同年龄段分设不同的特色项目，比如在欢乐水岸形象区块设置了"鸡毛换糖"9层景墙。公园结合义乌本土文化和城市故事，以"义乌故事大道"为主轴线，演绎义乌童趣的同时向游客诉说义乌精神的来源。

研 学 拓 展 知 识

鸡毛换糖

　　鸡毛换糖是指在 20 世纪物资匮乏的年代，义乌的小商小贩走南闯北、走街串巷，以红糖、草纸等低廉物品，换取居民家中的鸡毛等废品以获取微利。沿街叫卖的鸡毛换糖人用手中的拨浪鼓，摇出了亚洲最大的小商品批发市场——义乌小商品批发市场。"鸡毛换糖"是义乌的发家史，也是整个义乌模式的缩影。鸡毛换糖文化中蕴含着一种毫厘必争的精神，积少成多、勇于开拓的创新精神，百折不挠、善于变通、刻苦务实的实干精神。义乌人也用这种精神激励下一代不忘吃苦，勇于创新。

义乌市图书馆茶文化主题馆

义乌市图书馆茶文化主题馆

　　义乌市图书馆茶文化主题馆坐落于义乌江畔的韵和书院内，书院位于千年古镇佛堂老街浮桥头，人文自然景观得天独厚，茶文化主题馆集阅读、非遗、文创、茶文化于一体。于2019年12月开馆，免费向市民开放。主题馆空间通透明亮，馆舍面积600平方米，由义乌市图书馆配送茶文化等相关传统文化图书，与市内各阅读点实现通借通还。

　　茶文化主题馆除了提供公共阅读空间外，还不定期推出非遗体验、沙龙交流等活动。主题馆开设爱上阅读系列人文讲座，有关茶文化、亲子教育、美学生活、非遗小课堂、六月六晒书活动等，让读者感受"文人和茶"的无尽乐趣，在让市民领略义乌茶文化的同时，为市民营造了良好的阅读氛围。茶文化主题馆的设立，为传承和发扬义乌耕读文化，助力"书香义乌"建设增添一抹特色。

地址：义乌佛堂古镇老街浮桥头 16 号韵和书院内。

周边研学点：佛堂古镇

佛堂镇：位于义乌西南，距义乌市区约 20 公里，是浙江中部的历史文化名镇。佛堂古镇因佛而名，因水而商，因商而盛，历史文化底蕴浓厚，享有"千年古镇、清风商埠、佛教圣地"的美誉，它与桐乡乌镇、湖州南浔、兰溪游埠并称为浙江四大古镇。

佛堂老街：是古佛堂的商贸活动中心，旧时的国际商贸城。早在明清时期，佛堂就聚集着大批商人，

佛堂老街

佛堂老街

凭借义乌江与金华、兰溪、杭州、安徽通航通商，是邻近县市农副产品的集散地，也是上海日用百货的经销地。如今，佛堂古镇完好保存的老街、码头、古民居、老剧院，见证了佛堂繁华的历史，为世人保留了一幅独一无二的"清风商埠图"。

研 学 拓 展 知 识

金华茶文化

　　金华地处金衢盆地腹部，得天独厚的自然环境使得金华自古盛产茶叶，在1600多年的栽茶、制茶历史中积累了深厚的茶文化。金华市下辖的婺城区、武义县、磐安县先后被中国国际茶文化研究会授予"中国茶文化之乡"。陆羽在《茶经》中云，"浙东以越州上，明州婺州次，台州下"，可见金华在唐代就是产茶名地。"婺州东白"茶的品质档次有确切文字记载，成为金华最早的名茶。金华磐安的玉山古茶场，是我国现存历史最悠久的茶叶交易市场，磐安茶文化博物馆中展出的"奉谕禁茶叶洋价称头碑""奉谕禁粮食洋价称头碑""奉谕禁白术洋价称头碑"这3块石碑正是玉山古茶场历史的见证，被古建筑专家誉为"我国茶叶发展史上的一块活化石"。[1]

---

[1]　浙江新闻客户端特约作者马美爱：《金华本土茶文化传播内涵》，https://zj.zjol.com.cn/news.html?id=1245664，2023-02-02。

义乌市图书馆环保主题馆

义乌市图书馆环保主题馆

义乌市图书馆环保主题馆坐落于赤岸镇浙江华川深能环保公司内，是义乌市图书馆为持续完善公共图书馆三级服务体系建设，推进公共阅读服务均等化、便利化而设立的基层服务点，于2021年设立开放。环保主题馆馆舍面积220平方米，阅览室馆藏3800册图书，开放时间为周二到周日每日8：00至16：30，周一闭馆。

图书馆所在的浙江华川深能环保公司，是一个集环保教育宣传窗口、科普研学重要基地、工业旅游示范企业于一体的现代环保电厂。主要配置有垃圾无害化处理设施、垃圾分类宣传、生态长廊、莫比乌斯环造型的"无限循环"雕塑、360°沉浸式影院、270座多媒体室，利用循环水系建有恒温游泳池、水帘洞瀑布、景观湖，在距烟囱 60 米处设有观景平台，并设立各类多媒体互动游戏、互动移动屏等，集科普与体验于一体。

地址：义乌市赤岸镇报国西路 22 号。

周边研学点：雪峰故里——神坛村、民俗博物馆——雅端村

雪峰故里——神坛村：距离大安书局 15 公里的赤岸镇神坛村，是一个仅有不到 200 人的小村庄。从这个小村庄里，走出了义乌历史上仅有的两位参加过长征的人物，其中一位就是冯雪峰。冯雪峰（1903—1976），原名福春，我国著名的无产阶级革命家、文艺理论家、作家、诗人。村中的冯雪峰故居是一座建于清宣统二年（1910）的四合院。二进三开间，左右

冯雪峰故居[1]

---

[1] 图片来源：《义乌及周边这些绿道美如画！抓住春天的尾巴，来一场说走就走的骑行！》，https://www.sohu.com/a/311454734_99973788，2023-02-02。

中间一个天井，厅堂中摆着冯雪峰的塑像，陈列着生平事迹照片及国家领导人和文化名人的题词，故居门前有一青石碑，上有胡耀邦题写的"回忆雪峰"四个大字。红色旅游是神坛村的一大特色，为了更好地展示红色文化，村里自筹资金建起了文化礼堂，红色文化展厅陈列着关于雪峰同志的遗物、书信、简报等物件。冯雪峰作为现代文学史上的开拓者，作为党和鲁迅之间的"架桥人"，他的卓著功绩，深为后人崇仰。

民俗博物馆——雅端村：位于义乌市赤岸镇西南，以明清古建筑著名。村内古建筑群保存较好，以容安堂为核心的古建筑格局，被称为"七栋五堂"，容安堂为主厅，29间三进建筑，南北两侧对称布局着两重厢堂，名

雅端村古建筑群[1]

---

[1] 图片来源：《古建筑群、民俗博物馆……义乌这个千年古村让你一秒穿越到古代》，"文明义乌"微信公众号。

为荣春堂、明星堂、兰翠堂、珠宝堂。集中反映了明清时期江南民居和古代村落的鲜明特征。

雅端民俗博物馆展陈物品[1]

雅端村民俗博物馆，以农耕文化为主题，陈列着上千件展品。时间从耕种到秋收、冬藏，有清代的帽盒、灯盏、书篮，保险箱等。民俗博物馆位于容安堂的两侧辅房，以农耕史、纺织史为脉络。博物馆内穿插有春播、夏管、秋收、冬藏、育蚕、纺纱、织布、编织等主题展厅，展品以老照片与农具相结合，涉及农民生产、生活的方方面面。冬藏展厅内，陈列着各式各样的收纳用具，如农药坛、盐菜钵、桐油瓶等；织布厅内陈列的各式纺车织布机让人回到原始的手工年代，感受到了先人的极致巧思和无穷智慧。

---

[1] 图片来源：《古建筑群、民俗博物馆……义乌这个千年古村让你一秒穿越到古代》，"文明义乌"微信公众号。

义乌迎龙灯

迎龙灯，是义乌人春节期间举行的传统民俗文化活动，原为京官与民同乐、欢度元宵佳节的一种喜庆活动。传说龙能行云布雨、消灾降福，人们通过迎龙灯来驱邪除瘟，纳祥祈福。在东阳方言中，"灯"与"丁"同音，旧时迎灯，要求每家每户出壮丁一人，随带板凳一条，灯笼一个，将各家的板凳连接起来，安上灯笼，加上龙头龙尾，就成了一条长长的板凳龙，专名"桥灯"。龙由龙头引路，龙头前还有铜锣咚咚地开道，龙头是不能落地的，所以前后左右各有村里的年长者保护着龙头。迎龙灯的过程中最热闹最精彩的便是盘龙身、甩龙尾了，在紧张激动的气氛中，寄托着人们对未来美好的期望。

绑在板凳上的灯笼

婺城区图书馆万泰青少年主题分馆

婺城区图书馆万泰青少年主题分馆[1]

万泰青少年主题分馆设在金华婺城区万泰广场三楼，场馆面积950平方米，藏书2万余册，阅读座位100个。该馆是以青少年阅读为主题的特色图书馆，是金华婺城区图书馆在全市首创的商圈图书馆分馆，由商圈提供图书馆物业及装修，婺城区图书馆提供图书及物流运输服务，以政府购买服务形式进行常态化运营，于2021年10月对外免费开放。

万泰青少年主题分馆已通过智能化管理实现全市各个阅读场所之间图书通借通还，可免费开通长三角地区社保卡、金华市民卡及电子社保卡借阅功能，实现全省通借通还。场馆内设有少儿阅读区和青年阅读区。少儿

---

[1] 图片来源：《万泰集团（金华）有限公司荣获2021年度社会公益贡献奖》，https://www.wantaikg.com/news/360.html，2023－02－02。

婺城区图书馆万泰青少年主题分馆内部[1]

阅读区内设有绘本阅读专区、中小学生必读书目专柜，孩子们可以自由地选择自己喜爱的书籍。青年阅读区以外国文学、通俗小说、科普著作为主，书籍以经典著作、当下热门新书为主。阅览区内还设有电子阅览专座，方便读者阅读电子书籍及资料。为丰富读者的阅读体验，馆内还设有两张拼图桌，小读者们阅读之余还可以玩一玩"勾股定理""伤脑筋的十二块""无独有偶""同色相邻"等益智游戏，让大脑放松一下。该主题分馆立足青少年阅读特点，针对周边城区范围内家庭阅读及学习需求，常态化开展阅读推广活动。

地址：金华市婺城区宾虹西路 2999 号金华万泰奥特莱斯 3 楼。

---

[1]　图片来源：《万泰集团（金华）有限公司荣获 2021 年度社会公益贡献奖》，https://www.wantaikg.com/news/360.html，2023-02-02。

周边研学点：金华农耕文化园、中国茶花博物馆

金华农耕文化园：坐落于金华市婺城区白龙桥镇高桥村婺江畔，占地面积约 234000 平方米，距金华市中心 5 公里，交通便捷。园区以江南农耕文化为主题，集农耕种植体验、农事科普教育、运动休闲健身、蔬果采摘、亲子游乐等功能于一体。走进农耕文化园，在游玩过程中了解农具知识、体验农耕文化，学到一些书本上学不到的知识，体会到祖辈的艰辛，领略"粒粒皆辛苦"的真谛。农、旅、教在此实现深度融合。

金华农耕文化园[1]

---

[1] 图片来源：《想回到童年，就来金华农耕文化园》，https://www.sohu.com/a/346480190_760345，2023-02-02。

中国茶花博物馆：坐落于金华中国茶花文化公园内，于 2021 年 3 月开馆，是我国第一座以茶花为主题的博物馆。茶花在中国的栽培历史最早可追溯到蜀汉时期，被称为"花中娇客"，是中国十大名花之一。金华茶花闻名遐迩，茶花是金华的市花，它与金华火腿、酥饼齐名，成为金华对外宣传的金名片之一。中国茶花博物馆，是收藏茶花历史文献、弘扬茶花文化的重要窗口，承担着科学研究、教育实践、展览体验、科普宣传等多种使命。

研学拓展知识

农耕文明

农耕文明，是指人们在长期农业生产中形成的一种适应农业生产、生活需要的国家制度、礼俗制度、文化教育等的文化集合。农耕文明以四大文明古国为其典型代表，相比于海洋文明的开放外向，农耕文明偏向于温和封闭，强调敬畏自然，顺应自然，注重传承。

武义汤汤童话书屋

汤汤童话书屋[1]

    在武义县璟园古民居博物馆内，有一间纯公益性的书屋，叫"汤汤童话书屋"，是武义籍著名童话作家汤汤主持、发起成立的，也是浙江省妇联首个且目前唯一一个纯公益性家庭创读基地。书屋自开放以来，坚持每年开放公益阅读日300多天，免费向喜欢阅读的孩子和大人开放，不定期邀请知名作家、学者举办名家公益讲座，举办童话节、童话创作大赛、童话剧大赛、童谣创作朗诵大赛、童话创作研讨会、童诗朗诵活动及文学沙龙等活动。童话书屋举办的所有活动公益免费，童话书屋工作人员都是志愿者。

---

[1]　图片来源：《汤汤童话书屋》，http://jingyuanguminju.com/product-detail-615430.html，2023-02-02。

汤汤童话书屋在开展儿童阅读活动的基础上，启动"童话武义研学之旅"，以"童话书屋"影响力，带动童话村、童话研学基地、童话乐园投资建设，同时武义县借助"汤汤童话"的品牌影响力，积极打造"童话武义"，展示武义源远流长的历史文化。

周边研学点：璟园古民居博物馆

在武义有一座"特殊"的博物馆，藏品不是奇珍异宝，而是一幢幢不同风格的江南古民居。走进青砖黛瓦、马头墙旋转、飞檐斗拱、牛腿雀替、瓜梁石础、古色古香、时光倒流的璟园古民居博物馆，仿佛进入穿越时空的童话，可谓游一园即可览尽江南古民居之风貌。景区内有 80 余栋江南各地依法迁建而来的古民居，是来自浙江金华、衢州及安徽、江西、福建等农村行将消失和无力保护的老房子，这些老房子存在时间最少的也有上百年历史。现在通过保护性开发，这批一度衰败的古民居重新获得了新生。

璟园导览图[1]

---

[1]　图片来源：《璟园一日》，https://www.meipian.cn/1wz0w3j3，2023-02-02。

三山书院内厅[1]

在璟园古民居博物馆文化产业园内，除了汤汤童话书屋，还入驻了三山书院、禅艺生活馆、三榭茶舍、云雪堂古琴馆、龙泉剑瓷馆、叶一苇篆刻收藏馆、明清家具馆、民俗馆、摄影馆、书画馆等项目，值得入内闲逛一番。

[1] 图片来源：《璟园一日》，https://www.meipian.cn/1wz0w3j3，2023-02-02。

古民居

中国疆域辽阔，民族众多，各地的地理气候条件和生活方式都不相同，由于民族的历史传统、生活习俗、人文条件、审美观念的不同，各地的自然条件和地理环境不同，各地居住的房屋的样式和风格也不相同。

在中国的民居中，最有特点的是北京四合院、广东镬耳屋、西北黄土高原的窑洞、安徽的古民居、闽南的皇宫起古大厝及番仔楼、福建和广东等地的客家民居、客家围屋、内蒙古、青海、西藏的蒙古包。

传武则天执政时，新设郡县均冠以"武"字，因县东有百义山，故以武义为县名。这里是全国著名的温泉名城，温泉资源"华东第一、全国一流"。这里，还散落着很多避世的古老村落。比如山下鲍古村，被我国著名的建筑学家梁思成选作浙赣山区建筑代表，写入了《中国建筑史》一书当中。又如武义俞源村古建筑群，作为布局严谨、建筑优良的南方古村落代表，现存明清古建筑有 395 幢之多，以其悠久的历史文化沉淀，淳朴的耕读家族文化，2003 年当选为我国首批历史文化名村。

拾云山房书屋

底层架空的书屋 [1]

  武义县城往南 60 公里的大山中，有一个建在高山上的古村——柳城镇梁家山村，村中建筑依山而建，大部分建筑都是木结构夯土墙，一条小溪穿流过村落，溪边古树尚存。村里有一座乡村图书馆——拾云山房书屋，书屋建筑风格别致，是由村中一处废弃牛栏经设计修造而成的。作为武义县图书馆旅游图书分馆，其馆藏图书的配送服务由县图书馆负责，该馆目

---

  [1] 图片来源：《悬浮在村口的书屋——拾云山房》，https://www.sohu.com/a/279800580_163548，2023-02-02。

书屋一角[1]

前藏书已达2万余册。书屋的首层是一个架空的半室外开放空间，村民可以在此喝茶聊天；书屋的第二层设计了两圈回字形的书架，围绕天井和中间的阅读空间形成一个回廊。书屋的设立，为古村提供了一个阅读的公共文化空间，一个让心静下来的地方。

周边研学点：柳城畲族镇

柳城畲族镇，是武义县唯一的民族镇。在清代康熙年间，宣平知县大力号召栽植柳树，因而得名柳城。柳城镇位于武义县西南，距离武义县城约45公里，是浙江省规模最大的少数民族乡镇。位于柳城畲族镇东街26

---

[1] 图片来源：《悬浮在村口的书屋——拾云山房》，https://www.sohu.com/a/279800580_163548，2023-02-02。

号的原协盛酱园，曾是曾志达等革命先烈的活动联络点，在这里成立了中共宣平独立支部、宣平县委，因此被称为宣平革命的"红船"。镇南端前湾村是宣平南营红军驻地旧址，建有抗日阵亡战士纪念墙、宣平地区革命史展览馆等，复建了碉堡塔楼、战壕等建筑，是金华市的红色革命教育基地。

宣平地区革命史展览馆[1]

---

[1] 图片来源：《[武义红色印记之路⑧]宣平地区革命史展览馆》，"武义红色地图"微信公众号。

研 学 拓 展 知 识

畲族文化

畲族，是我国一个古老的民族，有自己的语言，属于中国南方游耕民族，从原始居住地广东被分散到福建、浙江、江西、安徽、贵州、四川，90% 以上居住在福建、浙江的广大山区，其余散居在江西、广东、安徽等省。在宗教信仰、服饰、婚俗、姓氏、天文历法、节日风俗等上，独具民族特色。畲族文化丰富多彩，是我们中华民族文化艺术宝库中的重要组成部分，这一民族文化需要得到传承与保护。

浙南区域（温州、台州）

研学阅读之旅

三垟湿地国学分馆

三垟湿地国学分馆

　　三垟湿地国学城市书房坐落于湿地公园中温州南怀瑾书院居庸斋一楼，由南怀瑾书院和温州市图书馆联合设立，是温州首家以国学为主题的城市书房。书房外观为古色古香的仿古建筑，周边有荷池梅坡，碧水连廊，静谧清幽，古朴典雅。书房正门两侧立柱挂着南怀瑾先生的撰联"知君两件关心事，世上苍生架上书"，内部设计装修融入了传统中国风格元素，与书房主题相得益彰。书房面积约 260 平方米，藏书量 1.5 万余册，书房内特设国学专架、南怀瑾著述专架，并不定期更新书籍。

三垟湿地国学分馆内部

三垟湿地国学分馆以"书院＋书房"模式，将城市书房与地域文化、非遗传承、旅游景点深度融合，成为温州城市文化景观新地标。国学分馆不定期开展各类国学主题读书分享会，还通过举办展览、讲座和沙龙等多种形式的文化活动，让市民感受国学的非凡魅力，成为传播和颂扬国学文化的阵地，是传统阅读阵地的现代延伸和有益补充。

地址：温州市瓯海区三垟街道南怀瑾书院居庸斋一楼。

周边研学点：三垟湿地公园

三垟湿地公园位于温州市瓯海区三垟街道，是温州市内保持最完整的水网湿地，以"垟漂海面，云游水中"的水网特殊地貌而闻名，湿地河流纵横交织，白鹭翩飞，被誉为"浙南威尼斯、百墩之乡"，有城市"绿肾"的美称。

湿地公园的五福园是赏梅的好去处，附近不远处是"南怀瑾纪念馆"，在南怀瑾生平馆与翰墨馆，你可以品读这位温州籍国学大师的人生轨迹和学富五车的成就。在三垟湿地的中心位置，有一栋中西合璧近代建筑——周氏旧宅，是浙南现存规模最大的单体中西合璧式建筑。温州于1876年《中英烟台条约》签订后被辟为商埠，这也成为温州建筑风格演变的一个

周氏旧宅

建筑局部[1]

重要转折。20世纪二三十年代，西式建筑成为温州近代建筑的重要形式，三垟周衡平宅就是温州典型的近代建筑。周氏旧宅在很大程度上保存了原有的建筑风貌，对于研究民国时期温州大型居住建筑的布局、建造技术，是不可多得的实例。

---

[1]　图片来源：《三垟湿地有栋五马街"温州一百"姊妹楼！百年前上海原班建筑人马耗时3年打造》，"温州古道"微信公众号。

湿地

地球上有三大生态系统，即森林、海洋、湿地。湿地被称为"地球之肾"；森林被称为"地球之肺"；海洋被称为"地球之心"。湿地覆盖地球表面仅有6%，却为地球上20%的已知物种提供了生存环境，具有不可替代的生态功能。

"湿地"，泛指暂时或长期覆盖水深不超过2米的低地、土壤充水较多的草甸，以及低潮时水深不过6米的沿海地区，包括各种咸水淡水沼泽地、湿草甸、湖泊、河流及洪泛平原、河口三角洲、泥炭地、湖海滩涂、河边洼地或漫滩、湿草原等。

研学过程中，可以通过查阅资料，了解湿地形成原因、湿地相关功能，知道湿地的重要性，并实地观察城市湿地营造的独特生态环境和具有的丰富生物资源，树立保护湿地意识、爱护大自然的环保意识。

瑞安市图书馆甲骨文化传承空间

甲骨文收藏书柜

瑞安与甲骨文有着很深的渊源，甲骨文字学"开山鼻祖"、朴学大师、清末大儒孙诒让在瑞安玉海楼写下了中国第一部甲骨文字研究专著《契文举例》，瑞安因而成为甲骨文研究的发祥地。为继承先辈遗产，探索甲骨奥秘，瑞安市图书馆从 2010 年开始建设甲骨文化传承空间，先是将万松路 145 号图书馆老馆面积约 150 平方米的 5 楼作为瑞安市甲骨文学会会址，供全市甲骨文爱好者研究学习之用。之后，又将瑞安市图书馆安阳新馆的 3 楼开辟为瑞安甲骨文特藏书库，专门收藏有关甲骨文化的文献。

瑞安市图书馆在广泛收集相关文献的同时，还开展文化交流、展览展示、宣传推广与创作传承等方面的甲骨文专题服务活动，让更多的人学习了解瑞安先贤孙诒让以及甲骨文的历史与文化。

地址：温州瑞安市嘉宁路 19 号。

周边研学点：玉海楼、瑞安非物质文化遗产保护中心

玉海楼： 坐落于浙江瑞安古城东北隅道院前街 5 号，玉海楼和宁波天一阁、海宁别下斋、南浔嘉业堂并称浙江四大藏书楼。玉海楼始建于光绪十四年（1888），建筑具有浓厚的浙南地方特色，集藏书楼、优秀民居和私家园林于一体，著名古建筑专家罗哲文教授称赞玉海楼为"国之瑰宝"。

玉海楼当年藏书达八九万卷，其中珍善本 4000 册，以富名家批校本、乡邦文献和珍善本闻名。1947 年，孙延钊先生欲将玉海楼藏书捐赠，后来藏书一分为二：浙江大学得到孙诒让的全部遗著和批校本，以及部分善本；

孙诒让纪念馆

温州方面得到地方文献和全部通常本，以及部分善本[1]。

　　今日的玉海楼，被国务院列为全国重点文物保护单位，辟有孙诒让纪念馆、瑞安民俗文物陈列室和临时展览室。

玉海楼入口

　　[1]　资料来源：《文质彬彬 汲古而新：走进浙江大学图书馆古籍馆》，https://www.zju.edu.cn/2021/0603/c58784a2383268/page.psp，2023−02−02。

瑞安非物质文化遗产保护中心：即瑞安非遗馆，坐落于瑞安市区忠义街历史文化街区的西首。瑞安市作为东瓯古邑，自三国时期建县以来，已有1700多年的悠久历史。在绵延不断的历史长河中，瑞安人民创造了众多独特的弥足珍贵的非物质文化遗产。截至目前，已有中国活字印刷术列入联合国教科文组织"急需保护的非物质文化遗产名录"，温州鼓词、藤牌舞、蓝夹缬等4项列入国家级非遗保护名录，瑞安卖技、瑞安高腔、瑞

瑞安非遗馆一角

安老酒汗酿造技艺等 11 项列入浙江省级非遗保护名录，91 项列入温州市级非遗保护名录，124 项列入瑞安市级非遗保护名录。

除常规的图文实物展陈外，瑞安非遗馆以形式多样的多媒体互动体验为亮点，将传统非遗文化与现代科技巧妙结合。通过一楼序厅的触屏点阅，可了解瑞安所有非遗项目的保护级别、项目概况、影音图片等。二楼设置了曲艺及童谣听音设备，温州鼓词、瑞安高腔、传统武术、四季八节民俗活动均可通过触屏点阅，或用耳机欣赏音频内容。三楼则设置立体投影，播放瑞安对蓝夹缬技艺拍摄的抢救性纪录片。

孙诒让及甲骨文化

孙诒让（1848—1908），又名德涵，字仲容，号籀庼，出生于瑞安潘岱砚下，晚清朴学大师，著名的爱国主义者、教育家，与全国著名学者俞曲园、黄以周合称"清末浙江三先生"。孙诒让学识博大精深，淹通古今中外，在经、史、诸子、文字、考据、校勘诸多方面均有所建树，他一生著述丰富，作有《周礼正义》《墨子间诂》《契文举例》《温州经籍志》等30多部著作。晚年致力于实业与教育兴国。

在甲骨文领域里，孙诒让撰写了我国第一部考释甲骨文的专著《契文举例》，可谓披荆斩棘、筚路蓝缕，是立下了开山之功的第一人。章太炎先生称他是"三百年绝等双"。郭沫若称他是甲骨文字学的开山鼻祖。

瑞安寓言馆

瑞安寓言馆

　　瑞安是全国首个"寓言大市"，拥有 8 个寓言文学创作基地，涌现出一批批优秀的寓言作家。瑞安市图书馆充分利用这一本地文化资源优势，建立了一个全国独有的寓言童话创作、培训、演出、活动基地的主题书房。瑞安寓言馆位于瑞安市莘阳大道明镜公园内，建筑面积约 260 平方米，现有寓言类藏书 6000 余册，馆内划分了寓言文学展示、多媒体交互、图书展示、主题沙龙、文创产品展示等功能区域，并设置自助借还机、多媒体动态沙盘等信息化设备，提供图书借阅、创作培训、研学互动等多元服务，打造集创作、培训、演出、娱乐于一体的寓言童话基地。

寓言馆着眼于青少年读者，致力于打造成儿童文学作家协会创作培训、中小学校研学游服务基地，不定期推出师生寓言论坛、现场寓言创作赛、寓言剧演出等寓言专题活动，同时邀请国内知名的儿童文学作家来书房举办作家见面会、作品发布会、寓言文学沙龙，让更多的少年儿童爱上寓言。

地址：温州瑞安市莘阳大道明镜公园内。

周边研学点：中国木活字印刷展示馆

中国木活字印刷展示馆距离瑞安市区 38 公里，位于瑞安市平阳坑镇东

中国木活字印刷展示馆

源村东源前路 66 号对面。东源的木活字印刷术是我国唯一保留至今且仍在使用的活字印刷术，至今已有 800 多年的历史，被称为中国印刷术的"活化石"。展示馆由一座始建于清代乾隆年间的古宅改造而成，分为中国印刷技术、中国活字印刷技术、瑞安木活字印刷技术及木活字印刷技术操作体验 4 个场所，馆内不仅有文字图片资料的介绍，还陈列有雕版、泥活字、铜活字、铅活字、瓷活字等不同时期的活字实物，活字印刷用的各类工具，以及近年印制的各种不同版本的家谱、族谱。在活字印刷作坊还有专业谱师现场演示印刷流程中的刻字、排版、上墨、印刷等各个步骤。

寓言大市——瑞安

在中国寓言文学研究会 2008 年年会上，瑞安市被授予中国首个"寓言大市"称号。瑞安当代寓言文学创作氛围浓厚，形成了在全国影响颇大的"寓言作家群"，从这座千年古城走出了中国当代寓言大家彭文席、张鹤鸣等知名作家。张鹤鸣出版儿童文学专著 10 余本；彭文席创作的寓言《小马过河》曾被翻译成 14 个国家的文字，从 1957 年开始入选小学语文教材，成为更新频率很高的小学语文教材中为数极少的经典，影响了中国几代人的精神成长。另外剧本《海国公主》、儿童刊物《小花朵》、中国第一部戏剧寓言选集《喉蛙公主》等，均是在中国儿童文学中占有一席之地的作品。

瓯海区图书馆纸山故事体验馆

纸山故事体验馆[1]

在温州市瓯海区图书馆的三楼，有一个纸的世界，在这里你可以体验到泽雅古法造纸、活字印刷、剪纸、皮纸灯笼、纸浆画、纸钱包、纸扇等多种非遗手工项目。这是瓯海区图书馆为了让小朋友们了解瓯海的纸山文化和悠久的历史，在2017年推出的纸山故事体验馆。体验馆分为古法造纸区、活字印刷区、手工体验区、展示区等，室内的展示柜、扇子、书灯、包装盒、收纳袋等这些物件都是用纸做成的。通过制作灯笼，触摸造纸

[1]　图片来源：《喜报：瓯海区图书馆纸山故事体验馆荣获浙江省"发现图书馆阅读推广特色人文空间"二等奖》，https://www.sohu.com/a/357835720_766197，2022-02-02。

纸浆、古法造纸的捣浆机，是一次近距离接触了解瓯海泽雅古法造纸文化的机会，也是对传统文化的致敬。

瓯海区图书馆纸山故事体验馆自开放以来，吸引了众多读者参观体验，得到了读者和家长们的喜爱，体验馆开放后每月为读者推送体验活动，因活动名额有限，每次开放报名都是读者拼手速的时候，报名场场火爆。读者可以通过瓯海区图书馆微信公众号的"读者成长计划活动系统"报名或者参与集体报名获取体验名额。

地址：温州市瓯海区娄桥街道瓯海区行政服务中心3号楼（半塘公园西侧）。

温州市瓯海区博物馆基本陈列展

周边研学点：瓯海区博物馆

瓯海，古时属瓯地，因《山海经·海内南经》载"瓯居海中"而得名。早在四五千年前，瓯海先民就在沿海高地上留下了开拓的足迹，瓯海历史，自此开篇。博物馆馆藏文物 2500 余件，其中展示的西周青铜铙是镇馆之宝。2003 年瓯海仙岩街道穗丰村杨府山西周土墩墓出土的大批青铜礼乐器、兵器和玉饰品，高超的青铜铸造工艺，完整的礼乐用器组合，见证了瓯海先民创造的辉煌的青铜文明，跨越千年时空展现在观众面前，其考古成果被誉为"浙江考古史上的重大发现"。瓯海区博物馆每年不定期推出题材多样、内容丰富的专题临时展览，配套推出手作体验、专题讲座、公益课程、小小讲解员夏令营等各类社教活动，带给参观者多层次的参观体验。

地址：温州市瓯海区行政服务中心 10 号楼。

温州泽雅纸山古法造纸

温州泽雅镇的古法造纸有"中国造纸术活化石"之称，是中国目前保留的最原始、最完整的古法造纸术之一。纸山是指农民世世代代以造纸为主要谋生产业的山区，温州纸山是指温州市瓯海区泽雅和瑞安市湖岭全境，以及瓯海瞿溪和鹿城藤桥的造纸地区。

造纸术是中国古代四大发明之一，约 2000 年前蔡伦总结民间用麻质纤维造纸的经验，改进了造纸技术，采用树皮、麻头、破布、旧渔网等为原料造纸。2000 年后这种古法造纸术并没有随着时代的变迁而消逝。泽雅传统造纸技术传承了古代造纸技术的精华，保留了历史的痕迹，操作流程近乎古代手工造纸。

石桥四连碓古法造纸作坊群是目前为止唯一承载我国古代造纸技术的全国重点文物保护单位，泽雅古法造纸是浙江唯一经国家文物局批准列入国家"指南针计划"的项目。假日休闲期间，带上小朋友，走进泽雅纸山民俗文化专题展示馆、水碓坑村古建筑、泽雅古道、四连碓造纸作坊等纸山文化体验基地，去探访传统造纸，感受纸山的文化魅力吧。

椒江图书馆·海岛红色书吧

海岛红色书吧入口[1]

　　海岛红色书吧设立在大陈岛伴山居民宿大厅内，书吧是由椒江图书馆结合大陈岛丰富的红色资源，与大陈岛伴山居民宿联合打造而成，是椒江区首个在海岛民宿中彰显红色文化元素的红色书吧。书吧现有藏书1000余册，均由椒江图书馆提供，内容涵盖党建、经典文学以及当地历史，图书馆根据图书流通率对书吧内的图书进行定期调整。书吧的设立，解决了海岛阅读资源匮乏的状况，不仅是岛上居民、党员学习红色文化的阅读场所，也是游客来岛上游览之余休闲的好地方。

---

[1]　图片来源：《垦荒精神立心 | 寻访"红色基因"》，"椒江发布"微信公众号。

在海岛红色书吧内，捧上一本图书品读，抬头即可欣赏到前方的海景，度过一段美好时光！

地址：大陈岛伴山居民宿大厅内。

周边研学点：大陈岛垦荒纪念馆

大陈岛青少年宫，林木茂盛，环境幽静，建筑物造型别致。青少年宫同时也是大陈岛垦荒纪念馆，这里展陈着大陈岛垦荒精神的翔实记录，吸引着众多来岛旅行的人前往参观、学习。

大陈岛上的垦荒誓词

纪念馆内设有胡耀邦纪念室、陈列馆、多功能厅、图书馆、阅览室、青少年活动室等，有反映解放一江山岛、大陈垦荒及各级领导上岛视察等历史的各类陈列品200余件及有关图片、文字资料等。

此外，纪念馆还定期组织开展青少年主题团队日活动，通过观看垦荒历史图片展，聆听垦荒故事，栽种"青年林""青春林"，做垦荒宣誓等主题实践，更直接感受大陈垦荒精神。

地址：台州市椒江区大陈镇的下大陈岛南田山头上。

研学拓展知识

大陈岛垦荒精神

1955年1月18日，中国人民解放军陆海空三军首次联合作战，一举解放了素有"大陈岛门栓"之称的一江山岛。聚在大陈岛上的国民党军队于2月12日撤至台湾时，带走了大陈岛上所有的居民，留下了一个满目疮痍的荒岛。

同年11月，时任青年团中央书记的胡耀邦在浙江视察时，发出组织青年志愿垦荒队"建设伟大祖国的大陈岛"的号召。温州和台州两地广大团员青年积极响应，来到大陈岛，开始了艰苦卓绝的垦荒之路。

2006年8月，时任浙江省委书记的习近平来到大陈岛考察，提出了"艰苦创业、奋发图强、无私奉献、开拓创新"的垦荒精神，要立足科学发展，发扬大陈岛垦荒精神。

大陈岛垦荒精神激励着一代代国人奋发图强。如今，风光秀丽的大陈岛，已成为海岛休闲度假的一个好去处。

老街三寻·临海市图书馆尤溪分馆

老街三寻·临海市图书馆尤溪分馆

　　临海市尤溪镇上，有一条保存较为完整的晚清民国风格老街，南北走向，全长约 1 公里。老街的主要历史建筑有屠氏油坊、王广桥、章氏民居、老戏台等，古民居鳞次栉比，匾字招牌依稀隐露。

　　老街三寻·临海市图书馆尤溪分馆，便位于这条古街上。图书馆是在一家老新华书店旧址上改造升级而成，改造后的图书馆是一座被老青砖墙包围着的两层建筑，纯白的外墙、大面积的玻璃窗，简约大气，室内光线

图书馆内景

轻盈柔和。一层与二层各区域内的功能分明、环境整洁，即使人流量众多，也不会显得过于拥挤。

6米多宽的台阶，两边可自由上下，中间一半多的长度两级合为一个卧式书柜，书柜两侧的楼梯可供读者坐着看书，开展讲座时这里就是阶梯式观众席。老街三寻·临海市图书馆尤溪分馆，是公共阅读、学习的场地，开展小型讲座、小型主题活动也是这里的一大优势。

地址：临海市尤溪镇老街上。

周边研学点：尤溪老街、尤溪人文展示馆

尤溪老街： 现存尤溪老街保存较为完整，为晚清民国风格，东西走向，起于黄港桥，止于天主堂，街长约 500 米。离图书馆不远的老街人文博物馆和纽扣博物馆，总是人气很旺。这两家乡村博物馆是尤溪镇近期新建成的文化场馆，集乡土文化展陈、文创产品展售、手工体验、风物特产供应、拓展教育等功能于一体。

尤溪人文展示馆： 尤溪老街上的人文展示馆，位于老街三寻·临海市图书馆尤溪分馆的对面。尤溪人文展示馆，陈列着从民间收集的反映尤溪人文历史的老物件、老照片、老技艺等，是全方面展示尤溪历史风貌、风土人情、民俗文化、非遗文创等的综合性场馆，是展示尤溪人文的重要窗口。

尤溪老街

研学拓展知识

尤溪"有戏"

义城古道，曾是临海、黄岩、永嘉三地商贸往来、文化交流的必经之路，越剧的种子也正是通过这座"文化桥梁"在这片土地种下的。据了解，越剧文化是尤溪历史民俗文化中的一个重要组成部分，每年中秋节、重阳节、中元节等节庆前后，部分村落还有组织越剧演出活动的风俗习惯。2019年，尤溪镇义城村被评为"浙江省首批越剧之乡"。

尤溪人文展示馆的二楼设有越剧之乡专题展厅，展示着各时期的越剧文献、名角信笺、唱片磁带、精美戏服等各类"越剧元素"实物资料，展览内容把越剧流派的发展史介绍得很详细。作为首批国家级非物质文化遗产项目，越剧文化需要传承发展，孩子们可以接触这种艺术形式，感受越剧的艺术内涵和独特魅力。

三门县有为图书馆

三门县有为图书馆

三门县有为图书馆是一家立足于县城教育文化的公益图书馆，也是浙江第一家民间公益图书馆，创办于 2012 年。10 年间，有为图书馆从旧仓库搬到了县城核心地区的地标建筑"文创 1 号"，成为三门这座滨海小城的"文化地标"。

有为图书馆，致力于打破城乡教育资源不均等的现状，立足三门，连接一、二线城市，推广阅读，促进丰富本地居民的精神文化生活。有为图

价值观：有爱-人人互助、有思-智识精进、有为-知行合一

愿景：为三门有学习成长需求的人提供终身学习产品

与社群联动平台

使命：打破城乡教育资源不对等，促进个体在人际联

结、文化基础、社会参与上的成长，联动更多人

参与，共建本地教育文化生态

阅览室
——请上二楼

有为图书馆的使命和愿景

书馆除了为本地居民提供方便的阅读环境，还提供多种多样的阅读推广活动，为三门县当地的青少年和成人提供了平均每年300多场的丰富多元的阅读和教育活动，针对3—18岁的读者，开设素养课程，以及绘本阅读、兴趣小组、冬令营、小义工社团等活动项目，帮助本地青少年培育独立思想、开阔视野，为他们打开一扇思想和知识的窗户。

地址：三门县海游街道西区大道四号文创1号。

周边研学点：三门县博物馆

想了解一座城市，从它的博物馆开始。

三门县博物馆坐落在三门县海游大桥北端马家山，始建于1989年12月，占地面积约12401平方米，建筑面积1016平方米，展厅面积400平方米，为一座仿古建筑。

博物馆藏品丰富，相关数据显示，馆内藏品 2300 余件，包括新石器时期的石斧、石刀，西周至明清各朝代的陶瓷、铜器、玉器及近现代画家作品等文物，反映三门县的历史文化风貌。

宋代"石翁仲"是三门县博物馆的镇馆之宝。石雕翁仲造像是南宋宰相叶梦鼎广润寺的墓前遗物，石像雕工精湛，线条流畅，威武雄壮，神态自然，具有典型的南宋造像风格，有很高的艺术雕刻水平，是三门县现存的大型石雕艺术珍品之一。

地址：三门县城关玉城路 8 号。

三门县博物馆

亭旁起义

1928 年，亭旁起义发动，自浙江省第一个苏维埃政府建立起来，在短时期内组织发动了周边几个县数千农民武装，控制了几个区的局势，其声势和规模空前壮大。但因国民党军队的围剿，政权时隔两天就被扼杀。

亭旁起义领导人包定，1901 年出生于三门县亭旁镇包家村。他擅长文学，工诗善词，被时人誉为"亭旁才子"。1930 年 6 月 22 日，包定在杭州松木场就义，年仅 29 岁。

亭旁起义的旧址，位于三门县城南 8 公里处的亭旁镇杨家村中街。旧址上的亭旁起义纪念馆为一幢晚清建筑，两进两层砖木结构楼房，占地面积约 700 平方米，展厅面积 250 平方米，现被列为浙江省爱国主义教育基地和浙江省重点文物保护单位。

路桥集装箱和合书吧

路桥集装箱和合书吧入口

路桥集装箱和合书吧由 7 个集装箱巧妙地搭建在一起而成，是台州市首家用集装箱改造而成的"网红图书馆"。图书馆整体风格既体现了废物利用、环保生态的理念，更体现出和合书吧的包容性。

台州图书馆在全市域范围推出的和合书吧，是集查询、借还等功能于一体的 24 小时自助式图书馆，不受时间限制、随时刷卡进入的全天候、智能化、无障碍的借阅场所。

提及和合书吧，名称中的"和合"一词首见于《国语·郑语》，有"和

集装箱内的阅览空间

谐、和睦、和平""结合、合作、和解"之意。"和合"文化传统已深深融入中华民族的血脉之中。

书吧不仅仅是一个单纯的图书馆，更是新时代文明实践站以及附近群众的生活服务空间。该书吧因其特色鲜明的工业风外形和其与专业公共图书服务的结合，以及专门为会议、培训、团建等设计出充足空间，成为远近闻名的网红书吧。

地址：台州市路桥区螺洋街道螺洋居水心公园边上。

周边研学点：水心草堂

　　水心草堂的原址是南宋永嘉学派代表人物叶适讲学的地方，书院名字也得于叶适的号——水心居士。叶适主张功利之学，反对空谈性命，对朱熹学说提出批评，为永嘉学派集大成者。他所代表的永嘉事功学派，与当时朱熹的理学、陆九渊的心学并列为"南宋三大学派"，对后世影响深远。

　　水心草堂占地面积 3000 多平方米，是典型的江南院落，白墙黛瓦，木质书墙。路桥区图书馆、螺洋街道、新华书店共同建成集精品图书展示和销售、阅读活动开展和推广、公共图书借阅流通于一体的水心草堂无人书吧。

水心草堂

阶梯讲堂

书院内设有书画室、研学文创区、休憩活动区等，360 度的书墙，以及阶梯式活动空间，不仅满足阅读需求，同时便于各类公益讲座及文化活动的开展。作为浙江省首家 5G 乡村书店，水心草堂还可以让读者体验 5G+ 远程全息互动、5G+VR 沉浸式阅读，激发村民和游客的阅读兴趣。

地址：台州市路桥区螺洋街道水滨村。

古代书院讲学

唐末至五代年间，战乱频仍，官学衰败，很多读书人避居山林，于是模仿佛教禅林讲经制度创立书院，形成了中国封建社会特有的教育组织形式。书院是将藏书、教学与研究三结合的高等教育机构。书院制度萌芽于唐，完备于宋，废止于清，唐宋期间以私人创办、私人讲学为主，元明时官方加强了控制，到了清代完全官学化。

书院允许不同学派共同讲学，重视学术的交流和论辩。特别是南宋以后，书院盛行"讲会"制度，讲会成为书院的重要教学形式，不仅组织师生共同参加学术争辩，而且常与地方上的学术活动紧密结合，这使书院成为一个地区的教育和学术活动的中心。书院讲学实行"门户开放"，一个学者可以在几个书院讲学，听讲者也不限于本院生徒，常有慕名师而远道前来者，书院热情接待，并提供各种方便。书院的主讲名师学识渊博，品德过人，并且献身教席，热心育人，深受学生爱戴。学生是慕名师而来，能够虚心求教，立志成人，尊重教师。因此，中国教育史上尊师爱生的优良传统在书院教学中体现得十分突出。

浙西区域（衢州、丽水）

研学阅读之旅

中国儒学馆

中国儒学馆入口

　　中国儒学馆，坐落于衢州市柯城区新桥街 79 号，背依孔子文化公园，面朝孔氏南宗家庙、衢州市博物馆，建筑面积达 10195 平方米。中国儒学馆作为衢州儒学文化区的核心，是开展儒学文化活动、传承儒学文化的重要平台，作为传承并践行南孔圣地有礼精神的研习地，儒学馆不定期举办一些活动，以帮助青少年了解传统儒学文化。

　　2005 年 9 月 6 日，时任浙江省委书记习近平到衢州考察时指示，"衢

中国儒学馆展厅

州历史悠久，是南孔圣地，孔子文化值得很好挖掘、大力弘扬。"2016 年 9 月 28 日，纪念孔子诞辰 2567 周年之际，在原衢州市图书馆的旧址上改造扩建而成的中国儒学馆对外正式开放。

中国儒学馆设有吴为山塑孔子雕像馆、最美衢州人展馆、少儿体验馆、风颂剧场、报告厅、孔子学堂（培训室）等。其中"东南阙里·儒风天下"主题陈列是中国儒学馆的主体部分，位于中国儒学馆的一楼。主题陈列厅采用与游客互动的形式来展现儒学思想。古代儒家教导学生需要掌握的 6 种基本才能是礼、乐、射、御、书、数，儒学馆将此"六艺"与互动装置进行结合，用人物模型和幻影成像技术让参观者在玩的过程中了解儒学知识。除了"六艺","五经""十三经"等典籍也通过互动形式加以展示，以反映儒学风格不断演变的过程。

地址：衢州市柯城区新桥街 79 号。

周边研学点：孔氏南宗家庙、衢州博物馆

孔氏南宗家庙：位于衢州市柯城区府山街道新桥街中段北侧，孔氏南宗家庙是衢州最具特色的文化地标之一，它与衢州城墙一同构成衢州"中国历史文化名城"的核心要素，可谓两大镇城之宝。1996 年孔氏南宗家庙被国务院评选为第 4 批全国重点文物保护单位，这是衢州市第一处"国家

孔氏南宗家庙

级重点文物保护单位"。

800多年前，孔子第48世嫡长孙孔端友跟随宋高宗南渡，定居衢州，建家庙以供奉孔子。家庙自南宋初年立足衢州以来，四易其址，屡建屡毁，屡毁屡建，跟随着国家的兴衰而时兴时衰。明正德十五年（1520），家庙迁建在新桥街址，是为今日家庙之前身。自明代后历经若干次修缮重建，即成如今孔氏南宗家庙之布局。

衢州博物馆： 坐落于衢州市柯城区新桥街98号，南接府山公园，西邻孔氏南宗家庙。文物藏品以衢州市古遗址、古墓葬和古窑址等出土的商周印纹陶、西周至汉原始瓷以及当地婺州窑系的瓷器最具特色，部分藏品曾

衢州博物馆

被故宫博物院、中国茶叶博物馆、浙江博物馆借展。其中，藏品中的罗双双银鞋、南宋金娃娃，是衢州博物馆的镇馆之宝。

金娃娃在宋代又被称作"摩睺罗"，被奉为吉祥物。1974年11月，南宋咸淳十年（1274）史绳祖与继配杨氏合葬墓中出土，出土时置于银丝盒内。摩睺罗又称磨喝乐，是唐、宋、元时民间流行的一种小玩偶，当时的人用土、木或蜡等材料制成婴孩形玩具，为"送子"之吉祥物，多在七夕时用于赠送亲朋好友。特别在宋代，每逢七夕佳节，有条件的民众都会在门口搭建一个袖珍的彩楼（又叫乞巧楼），专门放置购买的摩睺罗。据介绍，目前的资料记载，已发现的"摩睺罗"几乎都是用泥土、陶瓷制作的，而衢州博物馆内的这只金娃娃是目前国内外发现的唯一一个用纯金制作的摩睺罗。[1]

地址：衢州市柯城区新桥街98号。

[1] 徐蕾、俞吉吉：《南宋金娃娃讲述衢州当年的繁华》，https://zj.zjol.com.cn/news.html?id=583784，2022-03-02。

研学拓展知识

孔庙

孔庙是祭祀孔子的场所。孔庙大概分为三类：1.朝廷建立的，京城设置在国子监（太学）内，地方设置在州学、县学（例如宁波慈城孔庙）。2.民间建立的孔庙，遍及各地。3.孔子世家的家庙（或称"宗庙"），是儒生为祖先所立之庙，是古代家族祭祀祖先和先贤的场所。

前两类孔庙均称为"文庙"。文庙只供奉孔子和他的学生们，而家庙里供奉着孔子，以及孔子的儿子孔鲤、孙子孔伋的塑像，祖孙三代同坐大成殿接受孔氏嫡孙的祭祀。家庙只有两座，一座是在山东的曲阜，另外一座就在浙江衢州，后人称之为"孔氏北宗""孔氏南宗"。孔庙是唯一具有皇家宫廷建筑规格的礼制建筑，曲阜孔庙即是典型代表。家庙建筑群空间布局主次分明，追求排列整齐，尊卑观念、三纲五常的宗法伦理在家庙建筑中得以体现。

南孔书屋围棋主题馆

南孔书屋围棋主题馆一角

南孔书屋作为承载衢州历史文化特征、精致优雅的新型公共文化阅读空间，打通公共图书馆阅读服务"最后一公里"，也是南孔圣地、诗路文化带建设成果展示和体验的重要平台。从名字可知，南孔书屋植根于南孔文化，与衢州城市的底蕴一脉相承。

北魏郦道元所撰《水经注》中云：晋时有一叫王质的樵夫到石室山砍柴，见二童子下围棋，便坐于一旁观看。一局未终，童子对他说，你的斧柄烂

围棋主题馆下沉式座椅

了。王樵回到村里才知已过了数十年。因此后人便把石室山称为烂柯山，并把烂柯作为围棋的别称。我国称烂柯的地方颇多，但经专家反复论证，古籍中的烂柯山就是衢州烂柯山。[1]

作为南孔圣地、围棋仙地的衢州，历史与人文气息浓厚，传承围棋文化更是义不容辞。斗潭家园南孔书屋结合围棋文化建成了独具特色的围棋主题馆，将阅读、下围棋、社交融为一体，这一场馆的建成为周边居民提供了更加便利的文化社交场所。书屋占地面积362平方米，共有85个座位，

---

[1] 资料来源：《为什么衢州是围棋圣地？》，"荣行天下"微信公众号。

藏书 1 万余册。屋门头的方形镂空格栅交错纵横，宛如棋盘；侧面巨型网格棋盘的经典棋局，将围棋黑白对弈的场景展现得淋漓尽致。

室内的原木色书柜整齐有序，空间开放兼具私密性，阅读区的下沉式区域进一步加强了舒适性与社交性，活动区与阅读区相互隔断却又互相连通，空间开阔却又十分规整有序。书屋内下沉式沙发区域设置了两张对弈棋盘，供围棋爱好者们在这里举行各类围棋体验活动。[1]

地址：衢州市斗潭家园西区 17 幢。

周边研学点：水亭门历史文化街区、侵华日军细菌战衢州展览馆

水亭门历史文化街区：包含水亭门古街区和古城墙遗址公园两部分，是衢州市传统风貌建筑最为集中、历史遗存最为丰富的街区。街区保留原有的"三街七巷"格局，并存有衢州城墙、周宣灵王庙、神农殿等文物保护单位 14 处，不同历史时期的庙宇、宗祠、会馆等文化遗存和传统民居建筑交织相融，是衢州国家历史文化名城的缩影。

侵华日军细菌战衢州展览馆：位于衢州市柯城区罗汉井 5 号，这里曾是衢州首批细菌战遇难者黄廖氏的故居。展览馆面积 300 平方米，建于1998 年，为纪念衢州细菌战的遇难同胞及揭发日军罪证而建立，是继 2005年建立的侵华日军细菌战义乌展览馆后，浙江省又一座以反映日军细菌战犯罪史实为主题的展览馆。据统计，1940—1948 年，侵华日军在衢州进行细菌战，造成衢州各地连续 8 年传染病大流行，因患传染病而死亡者约 4万人。为牢记侵华日军犯下的滔天罪行，1998 年，衢州市建立侵华日军细

---

[1]　资料来源：《衢州新增 3 家高颜值南孔书屋！打卡去～》，"乐活衢州"微信公众号。

侵华日军细菌战衢州展览馆

菌战衢州展览馆，展出内容有"731部队的罪行""衢州的灾难深重""为尊严而斗争""正义的呼声"等，并在馆内竖立了一块"铭记牌"，控诉当年日军的罪恶行径。

地址：衢州市柯城区罗汉井5号。

南孔爷爷（卡通形象）

简洁的视觉形象，是理想的视觉传播符号，它超越了语言的束缚，帮助人们更好地进行跨地域情感交流。作为衢州官方城市 IP 的卡通形象"南孔爷爷"，2016 年诞生至今，在衢州市政府的大力推广和专业团队的运营下，不仅是"南孔圣地，衢州有礼"的城市代言人，更是保佑学生们"逢考必胜"的考神。

"南孔爷爷"，英文名字 Johnny Kong，生在衢州，长在衢州，是衢州为推广中国儒学文化而设计的卡通吉祥物，拥有独一无二的地域性和文化内涵。"南孔爷爷"发髻为书画卷轴，代表儒学思想博大精深；粗浓眉毛遮住眼睛，代表具有渊博的知识以及积极入世的精神；心形的胡子造型，则代表只要有心向学，都可以入学受教的思想。兼具儒学特色和萌系卡通要素的造型及显著的"可爱老爷爷"特征，通过网络传播及营销事件的助力，深受大小朋友的喜爱。

江山南孔法律书屋

江山南孔法律书屋

　　江山南孔法律书屋，位于江山市鹿溪中路140号。书屋作为江山市图书馆设立的一个自助图书馆，馆舍面积不大，140余平方米，馆内提供自助办证、自助借还、扫码听书、数字阅读、自助法律咨询等服务，是江山市首个法律主题书屋。作为一家法律主题书屋，南孔法律书屋在提供基础借阅服务之外，鼓励、吸引广大市民阅读法治书籍。书屋利用馆内自助法律服务智能终端，为市民读者解答法律问题，开展法律咨询、智能法律文书、法律援助申请等法律服务。

书屋定期播放法治文创节目、方言普法短视频，设有法律专栏，以多样化的形式向读者进行法治宣传，让市民在家门口感受法治文化，享受到便捷法律服务。这里不仅是江山市法治文化建设、社会普法工作的阵地，也是衢州市首个挂牌的南孔书屋法治基地。

周边研学点：大陈古村、江山金钉子地质遗迹自然保护区、双塔石林海底世界

大陈古村：大陈古村拥有 600 多年历史，近代著名史学家、鉴赏家余绍宋誉其为"十里环山皆松树，天下应无第二园"。明朝永乐初（约 1403 年），徽州汪氏迁于此，经后人苦心经营，创建了这个以徽派建筑为主的古村落。古村落以清代建筑为主，现保存有古民宅、古祠堂、古戏台等 111 处古迹。

1934 年 9 月，为反击国民党军对中央革命根据地第五次"围剿"，中国工农红军北上抗日先遣队奉命从福建挺进浙江江山，在当地转战 5 天后继续北上。如今，先遣队设过军团部的大陈村里，有一座"红军北上抗日先遣队江山大陈纪念馆"。纪念馆中展设了图片、文字资料以及蜡像场景、武器装备等，重现了当时红军战士的奋战事迹。

江山金钉子地质遗迹自然保护区："金钉子"是一个地质学概念，是全球年代地层单位界线层型剖面和点位（GSSP）的俗称。"金钉子"一旦在世界某个地方"钉下"，该地点就变成一个地质年代的"国际标准"，对照它，便可以对应标出其他岩层的"年龄"，是年代地层统一的"度量衡"。截至目前，我国有 11 枚"金钉子"，是全球获得"金钉子"最多的国家。

江山阶金钉子自然保护区入口[1]

2011年，国际地质科学联合会（IUGS）批准浙江江山市碓边B剖面作为寒武系第四统第九阶底界的"金钉子"，第九阶也被命名为"江山阶"。这是在我国确立的第十枚"金钉子"。

江山金钉子地质遗迹自然保护区位于距江山城北不到10公里的双塔街道莲塘村碓边自然村。自然保护区自建立以来，接待了大量科研、科普工作者、高校师生及周边中小学老师和学生等前来进行科考、研学、科普活动。

双塔石林海底世界：双塔石林位于江山市新塘坞村与莲塘村交界的小山上。此地远古时期沉降到海平面下，历经数千次的地壳变动后，形成了现在层层叠叠、连绵数里的地质奇观，被人们形象地称为"海底世界"。

双塔石林景观是由一块块大小不一、奇形怪状的大石头组成，这些石头形成于寒武—奥陶纪，距今约6.9亿年，色彩丰富，纹理独特，形态各异。

---

[1]　图片来源：《4.94亿岁！江山这枚"钉子"什么来头？》，"江山新闻网"微信公众号。

研 学 拓 展 知 识

地质知识

寒武—奥陶纪，在地质学上，是指古生代中 4.85 亿—4.43 亿年前这段时间。寒武纪是地质年代划分中属显生宙古生代的第一个纪，距今约 5.42亿—4.85 亿年，是地球上动物界第一次大发展时期，被古生物学家称作"寒武纪生命大爆发"。寒武纪也是节肢动物和脊椎动物在世界海洋中扩大存在的最早时期。这个时期藻类繁多，三叶虫、腕足类和水母大量繁殖，由于三叶虫最多，因此寒武纪也叫"三叶虫时代"。

到了奥陶纪（即距今约 5 亿—4.4 亿年间），三叶虫类发展到顶峰。除了藻类外，无脊椎动物的类别和数量都超过寒武纪。最常见的有珊瑚足类、腹足类、海百合和鹦鹉螺。奥陶纪时期形成的奇石、溶洞，现在成为地质公园的美景供游人观赏。

云和童话书房

云和童话书房[1]

云和童话书房坐落于云和木玩乐园内，是一家以木玩元素为主题的特色书房。童话书房面积200余平方米，分上下两层，设有成人区、少儿区、休闲区等多个阅读区。木质小桌子、小椅子，书架装饰、空间布局充满童趣，是亲子阅读、休闲阅读的绝佳场所。

书房采用智慧化管理，市民可通过人脸识别，刷身份证、读者证、社保卡或二维码电子凭证等方式进入书房，享受阅读的快乐，感受文化的魅

---

[1]　图片由云和图书馆提供。

云和童话书房内部[1]

力。书房内免费 Wi-Fi 全覆盖。作为云和图书馆新建路分馆，童话书房与云和图书馆互联互通，借还一体。

童话书房，尽显云和木玩特色，成为云和市民的休闲打卡新地标。

地址：云和县新建南路 174 号。

周边研学点：云和木玩乐园

云和木玩乐园位于云和县城南片区，毗邻云和体育馆，出行十分便捷，是丽水首家以木玩为主题的儿童乐园。乐园是展示云和原创的木玩产品、诠释木玩文化的主题乐园，同时也是省级木制玩具文化创意产业基地的重

[1]　图片由云和图书馆提供。

要组成部分。

　　乐园依山形地势而建，以木制玩具为核心，适合全家老小一起出游，让孩子们在亲近自然的同时，在木玩中得到益智锻炼。乐园内五颜六色的木玩设计，让人仿佛置身于童话世界中，与各种童话人物一起玩耍。

　　孩子们通过乐园的小型游乐设施，如滑滑乐、爬爬乐、蹦蹦乐、钻钻乐等，在玩耍的同时培养动手、动脑、合作等自主和社交能力。乐园的户外拓展游戏设计，如木结构攀岩、独木桥、迷宫、滑梯等，适合小朋友和成人一起玩耍。乐园内的亲子体验基地特别适合野餐露营。

　　云和县烈士纪念碑位于木玩乐园西边，在此可以瞻仰革命先烈的英勇事迹，感悟先辈的红色精神。

　　地址：丽水市云和县新建南路 178 号。

木制的消防安全知识翻板

云和木玩

云和县有"木制玩具之乡"之称，是全球最大的木制玩具生产基地。云和县拥有山林面积约 8 亿平方米，森林覆盖率达 80.4%，丰富的林业资源造就了云和县繁荣的木制玩具业。

早在宋、元时期，云和的大批木匠就已掌握了娴熟的木作技艺，开始生产踏碓童车、鲁班锁、七巧板、九连环、木陀螺等传统木制玩具。云和的木玩产业自 20 世纪 70 年代以家庭作坊式开启，历经半个世纪的发展，云和已成为国内规模最大、品种最多的木制玩具创制、出口基地，云和县也先后被命名为"中国木制玩具之乡"和"中国木制玩具城"。随着木玩产业的发展和变迁，云和人将木玩元素融入城市发展的角角落落，整个云和县充满了木玩所带来的童趣。

云和图书馆抗战文化主题分馆

云和图书馆抗战文化主题分馆

云和图书馆抗战文化主题分馆位于石塘镇小顺村文化礼堂，是浙江省首个抗战文化主题图书馆，独特的"文化＋历史"模式使该主题图书馆成为铭记革命历史、传承红色精神的新阵地。

馆内配置1万余册图书，其中反映抗战时期历史文化、思想活动等的抗战主题类图书3000多册，云和图书馆抗战文化主题分馆既体现图书馆的人文底蕴，又兼具展示抗战历史的特色。图书馆的设立，既满足当地居

云和图书馆抗战文化主题分馆阅览区

民的阅读需求，也为外地游客打开了一扇了解云和、了解浙江、了解中国历史文化的窗口。

　　云和图书馆抗战文化主题分馆通过放映红色教育片，举办红色主题读书会，推荐红色经典书目，面向学生们开展多种形式的红色阅读活动，引导孩子们阅读党史、英雄故事等红色经典读物，分享交流阅读心得，从中汲取红色精神力量，使红色基因、革命薪火得以代代传承。

　　地址：云和县石塘镇小顺村文化礼堂。

周边研学点：红色小顺村

小顺村红色文化底蕴深厚，有着刻骨铭心的抗战记忆。这里留有周恩来、陈嘉庚、黄绍竑、冯雪峰、潘天寿等一批军政要员和文化名流的足迹。1937年"七七事变"后，小顺村因为易守难攻的地理优势，成为重要的军工生产基地和"经济试验区"，村内至今还保留着抗战时期的浙铁总厂遗址。

红色小顺村[1]

---

[1] 图片来源：《重走小顺—梅湾红军古道 追寻那难以磨灭的红色记忆！》，https://travel.sohu.com/a/459845426_100136048，2023-02-03。

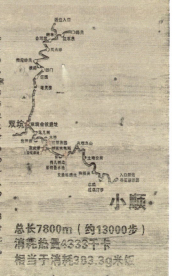

小顺—梅湾红色古道图[1]

依托良好的生态环境和深厚的"红色基因"，小顺村先后修复了"周恩来视察小顺浙江铁工总厂纪念碑""冯雪峰同志疗伤旧居""小顺—梅湾红色古道"等抗战历史文化遗迹。在原小顺乡人民政府旧址的基础上，建成了爱国主义教育训练营地，营地内设兵工厂食堂、住宿营地及训练基地，可同时提供130余人食宿。小顺村还为青少年量身打造红色课程，开展红色培训，让青少年在思想上接受红色洗礼。

[1] 图片来源：《重走小顺—梅湾红军古道 追寻那难以磨灭的红色记忆！》，https://travel.sohu.com/a/459845426_100136048，2023-02-03。

小顺—梅湾红色古道

云和县的小顺村至梅湾村，有一段始建于明正德年间的古道，全长约7.8公里，是明清时期附近村民的重要出行通道。抗日战争时期，小顺至梅湾古道成为联系小顺浙江铁工厂地下党组织与梅湾党的活动中心的重要纽带，在向抗日前线输送枪支弹药、情报传递、军用和民用物资等方面发挥了重要作用，为云和党组织发展壮大提供了保障。

这段红色古道上留有不少红色印记，如交通站遗址、红军茶园、炭窑遗址、双坑会议遗址等。沿着古道，游客可追寻革命先辈的足迹，体验他们的不易，感悟抗战历史的艰辛。

遂昌二十四节气主题图书分馆

遂昌二十四节气主题图书分馆[1]

　　2016 年，遂昌"班春劝农"作为"二十四节气"立春的代表项目被联合国教科文组织列入人类非遗代表作名录，石练镇淤溪村是该项非遗文化传承基地。为进一步推动遂昌民俗文化的传承和发展，遂昌县图书馆在此设立了二十四节气主题图书分馆。

　　分馆阅读环境清雅精致，凸显独特的民俗文化底蕴。一楼设有二十四

---

[1]　图片来源：《立秋 | 这些读书的好去处，赶快收藏！》，"丽水文旅"微信公众号。

遂昌二十四节气主题图书分馆内庭[1]

节气展览区、书画休闲区和二十四节气主题图书阅览区。二楼设有少儿阅读区和成人阅读区，不仅能够满足当地居民的阅读需求，也为外地游客打开了一扇了解遂昌民俗文化的窗口。分馆开设的二十四节气展览和节气大讲堂等，让你行至淤溪，即可读遍四季。

地址：遂昌县淤溪村。

---

[1] 图片来源：《立秋 | 这些读书的好去处，赶快收藏！》，"丽水文旅"微信公众号。

周边研学点：王村口革命纪念建筑群（挺进师师部旧址、白鹤尖红军纪念亭）

遂昌王村口地处遂昌西南主要交通要塞，是古代遂昌的政治、经济中心，清朝中叶已是遂昌屈指可数的商业中心之一，民国年间置镇。

王村口中国工农红军挺进师师部旧址[1]

1935 年，粟裕将军率领中国工农红军挺进师进军浙西南，开辟了以王村口为中心的游击根据地。王村口现存红军挺进师八一誓师大会旧址（天

---

[1]　图片来源：《用好这三招，丽水把浙西南革命精神融入党史学习教育》，https://www.thepaper.cn/newsDetail_forward_12371999，2023-02-03。

后宫）、挺进师主要领导人办公场所、挺进师政委会会场、王村口苏维埃政府旧址（蔡相庙）、红军挺进师师部旧址（程氏古民居）、王村口苏维埃政府成立大会、红军挺进师群众大会、粟裕演讲会场旧址（宏济桥）、北上抗日先遣队及红军挺进师战场遗址（白鹤尖）等革命遗址。王村口革命纪念建筑群已成为遂昌县和邻近县市开展革命传统教育、爱国主义教育和国防教育的重要场所。

地址：浙江省丽水市遂昌县王村口镇。

班春劝农

"二十四节气"蕴含着中华民族悠久的文化内涵和历史积淀，不仅在农业生产方面起着指导作用，同时还影响着人们的衣食住行，甚至文化观念。

"班春劝农"是明代著名戏剧家、文学家汤显祖任丽水遂昌知县期间，举行的奖励农桑、劝农人勤作农事的仪式。"班"同"颁"，"班春"即颁布春令，"劝农"有劝农事，策励春耕之意。班春劝农活动包括巡游、上供品、点香烛、祭先农、请勾芒神、插花、赏花酒、鞭打春牛、鸣鞭炮、下田开犁、发放春饼等系列内容。"班春劝农"作为遂昌民间百姓春季一项重要民俗活动流传至今，是中华民族传统农耕社会的生活经验和历史文化的记忆。

畲族主题图书馆

遂昌畲族主题图书馆[1]

遂昌东峰村及周边地区，是遂昌畲族群众最为集中的居住区，畲族主题图书馆是遂昌县图书馆在此设立的一家主题分馆。分馆总面积约300平方米，分上下两层，馆藏书籍近万册，有30余个座席。主题馆的陈设与装饰，突出畲族主题，结合种类丰富的与畲族民俗文化相关的特色图书和充满"畲"韵的畲族特色彩带，营造出温馨舒适的阅读环境和别具一格的畲乡风情。

---

[1] 图片来源：《遂昌"最美阅读空间"你去过吗？》，"遂昌县图书馆"微信公众号。

遂昌畲族主题图书馆一角[1]

畲族主题图书馆通过开展读书会、专题讲座、绘本故事推荐、阅读沙龙等各类阅读推广活动，激发村民们的阅读兴趣，培养村民们的阅读习惯，助力乡村文化振兴。分馆的设立，不仅为农村读者提供了温馨的阅读环境，也为遂昌增添了一处特色打卡地标，让往来游客更好地了解遂昌畲族文化。

周边研学点：遂昌汤显祖纪念馆、中国竹炭博物馆

遂昌汤显祖纪念馆：在浙西南山区有一座"宝藏"小山城——遂昌，有着"仙县"之称。明万历二十一年（1593），汤显祖赴任遂昌知县。在

---

[1]　图片来源：《遂昌"最美阅读空间"你去过吗？》，"遂昌县图书馆"微信公众号。

遂昌任职的 5 年间，他清正廉洁、勤政爱民，留下了班春劝农、纵囚观灯、巧拒索贿等清廉佳话，深受当地百姓爱戴。为纪念这位历史文化名人，遂昌县于 1995 年建了汤显祖纪念馆。

纪念馆位于遂昌老县城北街 4 弄，由明、清时期的两幢建筑组成。走进纪念馆，大厅两副楹联和汤显祖画像十分醒目，大厅两边陈列着《牡丹亭》《南柯记》《邯郸记》《紫钗记》简介，这 4 部作品合称为"玉茗堂四梦"。在纪念馆后花园，一边欣赏昆曲《牡丹亭·游园》，一边喝茶品茗，别有一番独特风味。

地址：丽水市遂昌县北街 4 弄 12 号。

汤显祖纪念馆入口[1]

---

[1]　图片来源：《遂昌汤显祖纪念馆成为浙江首批公共文化国际交流基地》，"丽水发布"微信公众号。

中国竹炭博物馆：坐落在遂昌县竹炭园区内，是国内首家以炭历史文化及国内外炭产品展示为主题的博物馆。

博物馆占地面积 1.5 万余平方米，园区内有炭祖殿、炭文化历史展、炭综合应用展馆、炭科学原理体验馆（青少年科普中心）等景点，展示炭的古今发展等相关内容。

与传统的博物馆不同，竹炭博物馆集观、吃、住、娱、购于一体，遵循科学性、知识性、艺术性、趣味性，用丰富的藏品，辅以高新技术与艺术相结合的现代展示手段，让人们在寓教于乐的氛围中，了解炭的历史、炭的文化、炭的科学应用，从而得到科学的启迪和艺术享受。

地址：丽水市遂昌县飞龙路上江工业园区附近炭缘路 1 号。

中国竹炭博物馆[1]

---

[1] 图片来源：《中国旅游日，邀你一起游遂昌！》，"遂昌新闻"微信公众号。

研学拓展知识

中国竹炭之乡

《遂昌县志》记载："隋至北宋、辽时期，遂昌人开辟中部和南部原始林地，在此过程中出现伐薪烧炭业和竹、木、薪、炭的市贸活动。"如今，遂昌竹炭是中国国家地理标志产品，在中国竹炭博物馆内保存有6件从遂昌好川村墓地中发掘出的夹炭陶，说明生活在遂昌这片土地上的人们在4000年前不仅已经掌握了烧炭的技艺，还将之应用到了制陶工艺中。

遂昌金矿开采历史悠久，拥有唐代金窟和宋、明、清等不同朝代的诸多采矿遗址，被誉为"江南第一金矿"。而木炭是冶炼的主要燃料，遂昌炭业因冶炼业而迅速发展。竹炭因有很强的吸附能力，能净化空气，抑菌驱虫，促进人体血液循环和新陈代谢，现今被开发应用到食品、纺织、家装等多个行业和产品中，深受消费者喜爱。

走进中国竹炭之乡，逛逛竹炭博物馆，和炭来一场约会吧。

浙西南书苑

浙西南书苑[1]

浙西南书苑设立在龙泉住龙老街"三个弹孔"革命遗址广场上。书苑作为一家主题特色图书馆，配置图书及史料近 1 万册，一楼的两台投影仪播放粟裕将军六进披云山的经典战役动画短片，4 块 LED 显示屏滚动播放住龙的民风历史、红色革命历史，用数字化形式展示革命故事、红色精神。书苑分设党史学习角、红色文化角、经典文化角，二楼提供游客休憩看书

---

[1] 图片由龙泉图书馆提供。

的区域。2021年浙西南书苑被评选为丽水市"最具特色阅读空间"。

地址：龙泉市住龙镇。

周边研学点：龙泉住龙生物多样性体验馆

龙泉住龙生物多样性体验馆，是进行自然科普和体验的地方，周边有配套的室外体验场地。设立生物多样性体验馆，用以挖掘蕴藏在生物多样性中的观赏价值、教育属性、文化传承等元素，推动生物多样性知识的普及。

两栖爬行动物展区[1]

---

[1] 图片来源：《生物多样性专栏 | 体验地③：丽水龙泉住龙生物多样性体验地》，"浙江生态环境"微信公众号。

龙泉住龙生物多样性体验馆是全国首批生物多样性体验地，2022年初正式开馆。展馆分设8个功能区，包括大型哺乳类动物展区、鸟类沙盘区、两栖爬行动物展区、昆虫展区、植物展区、生物多样性司法保护展区、互动娱乐区和文创周边售卖区，通过沙盘造景、生态标本，复原住龙镇当地的动植物生活环境，展现住龙镇生物多样性以及生态环境多样性。

　　龙泉住龙生物多样性体验馆，为山区的青少年和儿童搭建了第二课堂，提供接受生物多样性科普知识的机会。体验馆正在逐步创建和完善面向幼儿、小学生、初中生、高中生、大学生以及社会成人的研学课程。

　　地址：丽水市龙泉市住龙镇。

研 学 拓 展 知 识

红色小镇——住龙镇

住龙镇，位于龙泉市西北部，钱塘水系乌溪江最上游，是粟裕、刘英率领的中国工农红军挺进师在浙江创建的第一块红色根据地，是土地革命战争和抗日战争期间浙西南革命根据地的中心区域。这里有中共处属特委旧址、浙西南第一个苏维埃县级政府驻地旧址、中共浙江省委第一个电台旧址等红色遗址，被誉为浙江的"井冈山"。

住龙镇入选省级青少年红色基因传承基地，小镇将粟裕将军办公旧址、红色展馆、红军街、红军学堂、擂鼓山、炮台山、浙西南特委旧址、革命烈士公园等串点成线，设计红色教育研学套餐，开展红色教育，培育红色研学，打响了"红色小镇"品牌。

壶镇书院

壶镇书院[1]

壶镇书院，是缙云县图书馆工业分馆，位于千年古镇壶镇镇工业园区。作为一家以工业科技图书资料为主题的综合性公益图书馆，它面向缙云县工业企业及广大社会读者开放。

书院馆舍面积 1000 多平方米，设有报告厅、文化小讲堂、少儿阅览区、成人阅览区、休闲阅览区、电子阅览室、书画创作室等功能区域，藏书 2 万余册，主要以工业类书籍为主，兼顾文学、生活、艺术、教育等类图书，每月更新图书 500 册，包括最时新的绘本、最流行的畅销书和学生必读书，以满足广大读者的阅读需求。

书院专门设有红色教育模块及党员义务岗，定期面向中小学生开展党史学习教育宣传、红色电影推送、阅读会、书籍漂流等志愿服务活动。

地址：丽水市缙云县锦绣路 55 号。

---

[1] 图片来源：《壶镇书院简介》，http://www.chrmachine.cn/culture/138-cn.html，2023-05-09。

周边研学点：缙云恐龙馆

　　缙云恐龙馆由一处旧校舍改造而成。整个恐龙馆共 3 层，占地面积 300 平方米。恐龙馆外墙上的浮雕，是中国缙云甲龙，还有腕龙、霸王龙和翼龙。一楼展厅还原恐龙生活的真实场景，里面有 1∶1 复原的缙云甲龙骨架和胡宅口村出土的化石标本。二楼展厅通过声光电、互动参与、恐龙科普文化展板等方式介绍恐龙的基本常识，以便大家更进一步了解恐龙。三楼展馆配备了能够容纳 100 人的 3D 影院，带你"穿越到侏罗纪"，让你感受史前世界的原始魅力。

缙云恐龙馆[1]

---

　　[1]　图片来源：《家门口的侏罗纪公园》，https://www.meipian.cn/2c8isnvi，2023-02-03。

丽水市缙云县是浙江恐龙化石出土最多的地方。从 20 世纪 70 年代至今，缙云县已经多次挖掘出恐龙化石，引起了国内外古生物专家和学者的高度关注。2018 年 2 月，缙云县发掘的恐龙化石得到了国际权威期刊《科学报告》的盖章通过，被正式命名为"中国缙云甲龙"。胡宅口村是"中国缙云甲龙"的发源地，村子里处处融合着恐龙元素：侏罗纪儿童公园、"世界甲龙之乡"雕塑、3D 恐龙墙绘、半木质建筑的侏罗纪公厕、各种恐龙元素标牌。

地址：浙江省缙云县壶镇镇胡宅口村。

研学拓展知识

中国缙云甲龙

从三叠纪的最早诞生，到侏罗纪的繁盛发展，再到白垩纪晚期的灭亡，可以说恐龙这一类群在整个中生代都出尽了风头，也同样是中生代最繁盛的动物类群。

缙云甲龙是一种甲龙亚科恐龙，诞生于1亿年前。甲龙化石中带有尾锤的恐龙大部分都出现在白垩纪末期的坎潘期，也就是8360万—6600万年前。2013年由浙江自然博物馆、缙云县博物馆和日本福井县立恐龙博物馆联合抢救性挖掘出的缙云甲龙，将这个时间提早了2000多万年，所以说缙云甲龙是已知的最早有尾锤的恐龙。缙云甲龙的特制尾锤，由尾部末端的脊椎骨和骨板结合而成，形成一个坚固的锤状结构。这块"骨头"，最宽处有45厘米。当敌人来犯时，它们会用力甩动尾锤，击退敌人。

力溪连环画乡村艺术馆

力溪连环画乡村艺术馆[1]

2018 年，松阳县开始实施"百名艺术家入驻松阳乡村计划"，引进绘画、雕塑、设计、规划、文创产业等方面艺术家入驻，推进老屋活化利用。力溪连环画乡村艺术馆，是这一行动计划的成果之一。松阳县城距力溪村 10 多公里，车程约 15 分钟。

力溪连环画乡村艺术馆藏身在两层的民居之中：一楼书架上摆放着各类连环画读本，有专职"店小二"提供服务；二楼则是众多连环画名家手稿的展厅。作为全国首家入驻乡村的连环画艺术馆，其已成为乡村公共文化新空间，也是群众共享阅读空间和青少年爱国主义教育基地。今后，力

---

[1]　图片来源：《全国首家！松阳有个连环画乡村艺术馆，一起去看看……》，"丽水发布"微信公众号。

溪村将以连环画产业为特色打造亲子研学、野奢露营、主题民宿等项目，以及以"中国连环画第一村"为目标的未来乡村精致样板。

地址：松阳县樟溪乡力溪村。

周边研学点：松阳大木山骑行茶园、松阳茶叶博物馆

松阳大木山骑行茶园：坐落于历史悠久的名茶之乡松阳县新兴镇。大木山骑行茶园景区是将自行车骑行运动与茶园观光休闲融合的景区。景区以茶园骑行为主题，突出"古韵茶香，健康骑行"的理念，同时融合茶园观光、茶事体验、养生度假等功能。景区内建有茶园休闲长廊、观景平台、骑行绿道、茶室、景观竹亭等基础设施，多种路况骑行道路20余公里，其中休闲健身骑行环线8.3公里，被誉为"中国最大的骑行茶园"。

松阳大木山骑行茶园[1]

---

[1]　图片来源：《茶香十里，我在松阳大木山茶园等你！》，"丽水文旅"微信公众号。

松阳茶叶博物馆：位于大木山茶园景区入口的游客中心内，而大木山茶园则是茶叶博物馆的体验区，茶园与博物馆相互融合，是一处茶文化学术研究与茶文化体验基地。

松阳茶叶博物馆展览面积 1000 平方米，共有 2 层，设置了茶史、茶道、茶俗、茶业和茶旅 5 个展区，展示着三国、唐朝、宋代、明代时期松阳种茶的辉煌历史，也展出了全县各地古茶树、古茶园的特色照片，松阳茶标本，各个年代的茶具，等等。其中，镇馆之宝"清乾隆豆青釉月牙罐"，为当时宫廷盛装各种茶叶之用品，特别引人注目。茶叶博物馆收藏了叶梦

大木山茶园景区游客中心[1]

得、项安世、张玉娘等历代名人为松阳茶留下的精美诗歌，也收录了让人耳目一新的茶歌、茶舞、茶灯、茶方言，耐人寻味的松阳银猴和松阳香茶、卯山仙茶的故事，以及别具一格的茶衍生品绿茶洗发水、茶叶酒、茶饼、茶爽、茶叶面、茶叶熏腿等。博物馆面向公众免费开放。

地址：松阳县新兴镇横溪村。

松阳茶文化

拥有 1800 多年建县史的松阳，"茶龄"和"县龄"相差无几，茶文化源远流长。据史料记载，松阳种植茶叶、出产茶叶始于三国。到了唐代，道教天师叶法善所制"竹叶形，深绿色，茶水色清，味醇"的松阳茶叶，被称作"卯山仙茶"。在唐高宗的盛邀下，叶法善带着"卯山仙茶"进了帝国殿堂。从此，"卯山仙茶"正式成为唐朝御赐御用贡茶。到了近代，在 1929 年杭州举办的首届西湖博览会上，松阳茶叶获得过一等奖。

"松翠掩山寺，溪深山路幽。烹茗绿烟袅，不得更迟留。"这是唐代诗人戴叔伦游松阳时留下的千古咏叹。近年来，松阳聚焦文旅融合，将茶文化与耕读文化、养生文化、道教文化融合发展，启动开展茶文化街区建设，让茶元素融入松阳的大街小巷。松阳的传统茶文化，也在传承中融合创新，内涵不断丰富。

青田侨乡文化主题图书馆

青田侨乡文化主题图书馆[1]

青田侨乡文化主题图书馆坐落于青田侨乡进口商品城特斯堡酒窖，是一家以华侨文化为主题特色的图书馆，也是全省首家侨乡文化主题图书馆。

主题图书馆内配置中外图书 10000 余册，以反映欧洲民情风俗、咖啡红酒文化、华侨研究等内容的书籍为主，充分凸显侨乡特色。在此阅读之余，还可以品尝红酒、咖啡，感受抬头看红酒、低头阅美文的独特意境。此处是一个充满体验感的、沉浸式的阅读空间，独特的"文化＋商场"模式，使主题图书馆成为中西方文化充分融合、对话的空间。

地址：丽水市青田县油竹街道潘桥街 57A 特斯堡。

---

[1] 图片来源：《青田这 11 家高颜值书店曝光，值得你去"虚度"时光》，"青田县图书馆"微信公众号。

周边研学点：青田石雕博物馆

青田石雕博物馆是中国唯一的一座石雕文化专业博物馆，这家博物馆是 6000 年石雕历史的缩影，也是青田石雕文化的展示窗口。一层以石雕产品销售为主，分石雕精品和石雕艺术品 2 个销售区；二楼、三楼以展览馆、陈列室为主，陈列着青田县各个时期最具代表性的 2000 多件珍贵石雕、印石和书画藏品，以及石雕技艺介绍、图片、名人题词等石雕文化资料，时间跨度自南北朝至今共 1000 多年时间。博物馆位于青田火车站西南角，游客下了火车即可前往。

地址：丽水市青田县江南大道 136-6 号。

青田石雕博物馆大门 [1]

---

[1]　图片由青田县图书馆提供。

研学拓展知识

青田石雕

　　青田石雕是以青田石为材料的传统石雕艺术，因取材于浙江青田县所产优质叶蜡石而得名。青田石质地温润，脆软相宜，色彩丰富，花纹奇特，既是篆刻艺术的最佳印材，又是石雕艺术的理想石料。因灿烂的石雕文化，青田享有"石雕之乡"美誉。

　　史料记载，青田石雕工艺发端于六朝时期，讲究因材施艺，因色取巧，包含相石、开坯、雕琢、封蜡、润色等工序，尤以镂雕技艺见长，且圆雕、镂雕、高浅浮雕、线刻交替使用。青田石雕题材广泛，鱼虫花鸟、山水人物皆有，均精雕细刻，神形兼备，写实尚意诸法齐备，大气之中不失精妙，工艺规范，自成一格。

青田农耕书屋

青田农耕书屋[1]

青田农耕书屋以"稻鱼元素""农耕文化"为主题，书屋室内以白墙、原木装饰为主，舒适自然的阅读环境与窗外的稻田交相辉映，处处显着稻鱼共生系统源远流长的厚重历史。馆藏书籍主要以农耕、水利、动植物学等各类图书为主。

来到农耕书屋，可以在"农遗讲堂"功能区听一堂"稻鱼共生"文化主题课，观看稻鱼共生纪录片，了解稻鱼文化源远流长的历史与广泛影响。

[1]　图片由青田县图书馆提供。

青田农耕书屋一角[1]

来此还可以体验农耕生活，学习农事知识，探索民俗文化，品味"耕读传家久，诗书继世长"的文化精神。

地址：青田县方山乡龙现村。

周边研学点：青田稻鱼共生系统博物馆、龙现村乡村博物馆群

青田稻鱼共生系统博物馆：早在 1300 多年前，青田的先民们就在山多地少的环境中，依山势造梯田，修沟渠引山泉，种植水稻。通过长期的农耕实践，他们摸索总结出了稻田养鱼的生产方式，并传承至今。2005 年

---

[1]　图片由青田县图书馆提供。

6月，"青田稻鱼共生系统"被联合国粮农组织列为首批全球重要农业文化遗产，这是中国荣获的第一个全球重要农业文化遗产。

2022年7月首届全球重要农业文化遗产大会在青田召开之际，青田稻鱼共生系统博物馆对外正式开放。博物馆位于方山乡石前村，占地面积4000平方米。馆内包括青田稻鱼共生系统主展厅、重要农业文化遗产名录厅、中国水稻文化厅等展厅，全面展示稻鱼共生系统的历史渊源、生态模式、农耕技艺和文化传承与发展，是了解青田稻鱼共生系统和重要农业文化遗产的重要窗口。

地址：青田县方山乡石前村。

青田稻鱼共生系统博物馆[1]

---

[1]　图片由青田县图书馆提供。

青田龙现村乡村博物馆群：包括农遗系列展馆、华侨系列展馆、科普系列展馆三大系列展馆，全方位展示了龙现村农耕文化、华侨文化、生态文化等特色文化。

其中乡村农耕文化展示馆，是由村里闲置的房子打造而成的，从不同角度记录中国传统农耕文化，详细展示了"稻鱼共生系统"的运作模式及其衍生的农事活动。一件件物品承载历史，一幅幅图片记录变迁，一处处实景浓缩记忆，青田乡村农耕文化展示馆，是"留住乡愁，莫忘农耕"的栖息地。

龙现村乡村农耕文化展示馆[1]

---

[1]　图片来源：《@所有人，这条红色农遗之路等你来探寻！》，"丽水文旅"微信公众号。

犁、锄、耙……这些在 30 年前的农村随处可见的生产工具和生活用品，如今正在逐渐淡出人们的视野甚至消失。展示馆内收藏的这些看似普通却是当时农户们的"传家宝"的农耕用具，如今以另外的身份展现青田传统农耕文化精髓，传承中华传统农耕文化的魅力。

地址：青田县方山乡龙现村。

研学拓展知识

青田鱼灯舞

面对"九山半水半分田"的天然"劣势"，地处浙西南山区的青田人创造出了融合人与自然和谐共处的"稻鱼共生系统"，稻鱼共生的农作方式还发展出了一种特殊的农耕文化——稻鱼文化。稻鱼文化与青田民间艺术结合，派生出了一种独特的民间舞蹈——青田鱼灯舞。

相传籍贯青田的明代开国功臣刘伯温因得罪权贵被罢官回乡，赋闲在家。有一天他受朋友邀约参加尝新饭仪式以庆贺丰收，在观赏鱼灯舞之后，甚觉缺少刚柔结合之感，便根据鱼类的特点将孙子兵法中的"一字长蛇""二龙出水""十面埋伏"等阵法掺和其中加以改进，由此形成带有军事操习风格的青田鱼灯舞。

青田鱼灯舞的舞蹈动作根据鱼的生活习性设计，演出时以锣、鼓、镲、钹等为伴奏乐器，演员包头巾、系腰带、扣护腕、打包腿，打扮得与古代武士相似。每逢喜庆节令，青田乡村的民众都要进行鱼灯舞表演。

青田红军书屋

青田红军书屋入口[1]

红军书屋位于青田县祯旺乡革命老区吴畲村，由一处闲置古民居修缮改造而成。走进古朴的泥瓦房，仿佛时空穿越到了革命年代。古色古香的红军书屋散发着浓浓的书香，书屋内收录了红色书籍、廉政书籍和青田乡土文学书籍等各类图书8000余册。红军书屋提供公益性服务，所有藏书免费对外开放，以文化滋养乡村，为吴畲村打造一处红色文化阅读空间。

---

[1] 图片由青田县图书馆提供。

青田红军书屋[1]

红军书屋收藏有一些珍贵的文献资料，如习仲勋的革命回忆录《永远难忘的回忆》，出版于1938年的《红星照耀中国》，一幅《日本侵华罪证地图——青田县城》地图，1964年6月15日毛主席等党和国家领导人检阅北京、济南部队军事训练时与受阅官兵的一张合影照片。

地址：青田县祯旺乡吴畲村。

周边研学点："红军村"（吴畲村）

吴畲村，一个深藏于丽水青田县深山里的小山村，位于青田、景宁、莲都的交界之地，山势险要。村内还保存着100多间完好无损的旧民居。步入村内，村屋青瓦黄泥，错落有致。

---

[1]　图片由青田县图书馆提供。

"红军村"（吴畲村）[1]

  1935—1939 年间，吴畲村因特殊的地理位置一度成为红军挺进师一纵队的驻扎据点。吴畲村作为青田县著名的革命老区根据地之一，拥有丰富的红色革命文化资源。吴畲村革命遗址众多，有吴畲革命纪念馆、红军挺进师驻地红军区委旧址、红军精神大讲堂、红军小广场、红军书屋等。吴畲革命纪念馆是在原吴畲村学堂基础上翻新而建的。纪念馆通过历史照片、文献资料、物品展示、场景再现等形式，生动展现了红军挺进师、吴畲人民开展武装斗争、宣传革命精神的波澜壮阔的历史画卷。

  地址：青田县祯旺乡吴畲村。

---

 [1] 图片由青田县图书馆提供。

浙西南革命精神

　　从土地革命战争时期，红军挺进师将革命之火根植到吴畲开始，一直到解放战争时期，以吴畲为根据地的丽青松边区武工队为青田乃至丽水的解放事业做出了不可磨灭的贡献。在土地革命战争时期，红军挺进师一纵队三次挺进浙东，吴畲村作为"游击基点"，为挺进师转战提供"落脚点"和"跳板"。挺进师一纵队在吴畲洒下的革命星火在日后的抗日战争和解放战争中结出了鲜红的硕果。

　　丽水市是浙西南革命老区所在地，是浙江省唯一所有县（市、区）都是革命老根据地县（市、区）的地级市。在革命战争岁月里，浙西南人民在党的领导下进行了曲折艰难的革命斗争，无数革命先辈在这里留下光辉足迹，缔造了伟大的浙西南革命精神。浙西南革命精神是以"红船精神"为源头的中国革命精神在浙西南革命实践中的生动体现，具有鲜明的时代特征和地域特色。

莲都区图书馆鱼跃 1919 分馆

莲都区图书馆鱼跃 1919 分馆[1]

　　鱼跃 1919 分馆是丽水市莲都区图书馆首家主题图书分馆，位于百年老字号企业"鱼跃酿造"的鱼跃 1919 文化产业园，面向市民免费开放，是一个以农耕文化知识为主题的特色图书馆。

　　图书馆所在的鱼跃 1919 文化产业园中，既有鱼跃老字号博物馆，又有酿造酱油、醋、酒等产品的车间。鱼跃传统酿造技艺源自北宋，已被列入"丽水市非物质文化遗产名录"。博物馆结合多种高新技术的运用，生动地展示酱油、米醋、白酒 3 种古法酿造工艺，向广大市民科普非遗文化的韵味。园区推出的研学课程，包括参观酿造工厂、学习酿造知识、动手

<hr />

[1]　图片来源：《还没火？登上〈环球人文地理〉的浙南绝色山城，藏了一个烟火人间，看完只想去隐居！》，https://www.sohu.com/a/466511590_349209，2023-02-03。

制作甜酒酿、设计独属自己的酱油等内容，有吃有玩，深受欢迎。

地点：丽水市莲都区碧湖镇碧云街862号。

周边研学点：古堰画乡

古堰画乡景区，位于浙江省丽水市莲都区碧湖镇和大港头镇境内，距丽水市区20公里。古堰真山真水和古朴美丽的江南古镇风貌，是拍照或写生取景佳地，吸引众多美术院校师生选择这里作为写生基地，因此有了"画乡"的美誉。一条瓯江将景区分为两部分，"古堰"是指江北岸的堰头村，"画乡"指的是南岸镇政府所在的大港头镇，两地隔着一条瓯江，两两相望。两地来往靠轮渡，一年春夏秋冬，四季景色不同。

古堰画乡景区历史文化底蕴深厚，这里有建于公元505年的世界灌溉工程遗产、国家重点文物保护单位"通济堰"，还有古街古亭古埠头、青瓷古窑址、千年古村落和千年古樟树群，共同展示给世人一份独特而厚重的历史传承。

地址：丽水市莲都区碧湖镇和大港头镇境内。

古水利工程——通济堰

通济堰位于丽水市区西南碧湖平原，创建于南朝萧梁天监年间（502—519）。通济堰由堰坝、通济闸、石函、堰渠、叶穴（淘沙门）、概闸、湖塘等组成，是一项构思巧妙、极具科技含量的古代水利工程，也是我国最古老的大型水利工程之一。通济堰作为南朝至清代古建筑，2001年被国务院批准列入第五批全国重点文物保护单位名单。2014年通济堰成功入选世界灌溉工程遗产。

通济堰是碧湖平原上的水利命脉，自宋元至清，历代多次续建整修，仍较完整地保存了古代灌溉网系的原貌，发挥着巨大的灌溉效能。现在的通济堰灌区还保留着詹南二司马庙、通济堰历代碑刻、文昌阁、官堰亭、护岸古樟群、过水石梁桥、取水埠头、通济古道、镇水石牛、何澹墓、保定窑址等众多文物古迹。

附录

主题图书馆研学课程案例

根据未成年人在语言、认知、情感、社会性等能力发展上的学习特性，确定研学区域和主题，设计研学路线，通过研学课程目标设计、课程内容设计、课程活动设计、课程质量评价方式设计等，个性化制订主题图书馆"阅读＋"研学课程指导案例，打造主题图书馆资源、区域特色资源、教育、旅游等多元融合、协同发展的研学课程。

研学课程设置行前课程、现场体验、拓展提升和成效反馈 4 个课程环节。主题图书馆在第一个研学阶段中，开展场馆参观体验、主题特色资源介绍，在学生搜集研学主题相关信息、了解背景知识上给予指导，提升学生图书馆利用能力。周边研学点在第二个研学阶段中，开展场馆参观、现场主题研学体验活动，同时主题图书馆通过提供主题书单、阅读指导介入研学活动过程。在第三个研学阶段，主题图书馆和周边研学点合作，对研学主题深入拓展，整合资源，提升研学服务的效果。最后，在研学体验活动结束后，收集研学体验活动满意度调查结果及改进建议，并结合实际改进研学方案。

以下是海盐张元济图书馆＋秦山核电科技馆研学课程案例模型：

海盐张元济图书馆＋秦山核电科技馆研学方案

目标人群	小学高年级学生／学校团体
问题的提出	在图书馆怎么查阅核电知识的相关文献资源？什么是核电，核电是怎么产生的？使用核电是否安全？
研学目标	对青少年开展核电科普，探寻核能奥秘，了解核电原理，认识核电的安全性，感受核电高科技

	研学目标	研学地点	研学策略
研学阶段一 （主题馆研学）	参观主题图书馆，指导学生如何检索、查阅核电知识	张元济图书馆	基于学生所学的课堂知识，指导学生在图书馆搜集、阅读、记录有关核电的文献资料，先小组分工，后汇总讨论，激发对下一站研学的探究兴趣
研学阶段二 （周边研学）	参观秦山核电科技馆，通过讲解让学生初步了解核电	秦山核电科技馆	参观秦山核电科技馆，通过讲解员讲解和实物模型实景演示，让学生正确认识核原理，以及核电的安全性、清洁性和经济性，消除核电安全的疑虑
研学阶段三 （主题拓展）	开展科普知识课堂，引导学生探索核能的奥秘，激发学习兴趣	秦山核电科技馆	科技馆组织开展核电科普知识课堂，课程结束后图书馆提供研学主题书单及线上资源列表，开展主题阅读及小报制作指导。引导学生在互动轻松的课堂环境中探索核能的奥秘、了解核电原理
研学阶段四 （成效反馈）	回访并查看学生回校制作的研学阅读小报成果，完善研学方案，收集研学体验活动满意度调查结果及改进建议		